Walter Busse

Beiträge zur Kenntniss der Morphologie und Jahresperiode

der Weisstanne

Walter Busse

Beiträge zur Kenntniss der Morphologie und Jahresperiode der Weisstanne

ISBN/EAN: 9783744671231

Hergestellt in Europa, USA, Kanada, Australien, Japan

Cover: Foto ©ninafisch / pixelio.de

Weitere Bücher finden Sie auf **www.hansebooks.com**

Sonderabdruck aus „Flora oder allgemeine Botanische Zeitung" 1893
Heft 3.

Beiträge

zur

Kenntniss der Morphologie und Jahresperiode

der

Weisstanne (Abies alba Mill.).

Inaugural-Dissertation

zur

Erlangung der Philosophischen Doctorwürde

der

Hohen Philosophischen Facultät der Universität Freiburg i. B.

vorgelegt von

Walter Busse

aus Berlin.

MÜNCHEN

Druck von Val. Höfling, Kapellenstrasse Nr. 3

1893.

Beiträge zur Kenntniss der Morphologie und Jahresperiode der Weisstanne (Abies alba Mill.).

(Hierzu Taf. III.)

Einleitung.

Unter unseren einheimischen Holzgewächsen zeichnen sich die meisten Coniferen durch die immer wiederkehrende Gleichmässigkeit und streng durchgeführte Gesetzmässigkeit in ihrem morphologischen Aufbau und ihrer äusseren Erscheinung aus.

Während die Laubhölzer, z. B. die Buche, eine bei weitem mannigfaltigere und von innerer Beweglichkeit zeugende Verzweigung und äussere Formbildung an den Tag legen, stellt die zwar reiche und schöne Verzweigung der meisten Coniferen doch eine mit beinahe mathematischer Genauigkeit aufgebaute Architektonik dar.

Und unter den einheimischen Nadelhölzern ist es die Weisstanne (Abies alba Mill.), welche das vornehmste Beispiel für diese Erscheinung liefert.

Es sei hier kurz erörtert, in welcher Weise die Gesetze der Gestaltbildung bei der uns beschäftigenden Art zu Tage treten.[1]

Das dem Embryo entspringende Keimpflänzchen entwickelt sich mit „unbegrenztem" Wachsthum zum stattlichen Hauptspross, welcher an kräftiger, massiger Ausbildung die seitlichen Verzweigungen bedeutend überragt. Doch nicht nur am Hauptstamm, sondern auch an den reichlich auftretenden Seitensprossen macht sich eine eminente Bevorzugung sämmtlicher relativen Hauptaxen vor den zugehörigen Seitenaxen bemerkbar und gerade das unvermittelte Auftreten normaler kräftig entwickelter Zweige, der „Kraftsprosse" (Wigand) neben kleineren, die (relativ) untere

---

1) Vgl. auch Wigand, Der Baum, Braunschweig 1854, p. 53 f., p. 74 ff.

8

Region einnehmenden, bedeutend schwächeren Gliedern, den „Stauch-
lingen" (Wigand) ist für den Habits der Weisstanne äusserst
charakteristisch.

In jeder Vegetationsperiode wird an der Spitze einer normalen
Axe — gleichviel ob Haupt- oder Seitenspross — ein kräftiger, zwei-
bis mehrgliedriger Astquirl gebildet, welcher jeweils den jährlichen
Zuwachs eines Sprosssystems beschliesst. Unterhalb dieses Quirls
entwickelt sich zugleich eine Anzahl der in den Blattachseln des vorjährigen Triebes angelegten Seitenknospen zu Sprossen, welche auffallend schmächtiger sind, als die des oben erwähnten Quirls.

Sämmtliche in einer Vegetationsperiode ausgebildeten Sprosse desselben Systems stehen nun in bestimmtem Längenverhältniss zu einander und zwar sind die untersten Zweige stets die kürzesten; nach
oben hin nehmen sie progressiv an Länge zu, so dass die obersten
immer zugleich die längsten sind. Es besteht also hinsichtlich der
Entwickelung der jährlich ausgebildeten Sprosse eines Systems eine
Steigerung der vegetativen Kraftentfaltung von unten nach oben.

Der Verzweigungsmodus der Weisstanne ist ein ausgesprochen
monopodialer. Ein mannshoher Stamm erzeugt an seinem Gipfel unter
normalen Verhältnissen einen Scheinquirl von 2—5 (selten — 7),
meistens 3—4 Seitenknospen, welche rings um die Endknospe kranz-
förmig angeordnet sind. Diese entwickeln sich zu kräftigen Seitentrieben erster Ordnung, welche an ihrem Scheitel wieder 2, seltener
3 Seitenknospen ausser der Endknospe bilden. In der weiteren Sprossfolge werden nun mit wenigen Ausnahmen neben der Endknospe nur
zwei Seitenknospen am Sprossscheitel gebildet.

Aus diesen „Langtriebknospen" („Makroblasten"
Hartig) entstehen die normalen Seitentriebe 1—x^{ter} Ordnung, die
„Langtriebe" (Hartig; „Langzweige" Areschoug[1]), „Kraft-
sprosse" Wigand), welche die Architektur des Baumes beherrschen.

Im Gegensatz zu den Langtrieben stehen die Kurztriebe, von
Areschoug „Kurzzweige" oder „Kleinzweige", von Wigand
„Stauchlinge" genannt, welche den Kurztriebknospen
(„Brachyblasten" Hartig) entspringen. Dieselben werden als
seitliche Protuberanzen in den Winkeln einiger Blätter an der embryonalen Axe angelegt und entwickeln sich je nach den Lichtstellungen
der Bäume — oder auch zur Ergänzung etwaiger Verluste an Langtrieben

---

1) Areschoug, Beiträge zur Biologie der Holzgewächse (Lunds Univer-
sitets Årskrift, T. XII. Lund 1877).

oder Langtriebknospen — in der nächsten Vegetationsperiode zu Langtrieben von oft ansehnlicher Stärke. Auch diese vermögen sich später wieder zu verzweigen und Langtriebe wie Kurztriebe zu bilden. Bei späteren Generationen nimmt die Bildung der Kurztriebe mit dem Alter der Bäume zu. Sie sind übrigens die eigentlichen Fortpflanzungszweige, welche die Blüthen erzeugen, sobald der Baum das Fortpflanzungsstadium erreicht hat.

Es können nun sowohl Endknospe und Quirlknospen gut ausgebildeter Langtriebe, als auch — und das ist der bei weitem häufigere Fall — solche Kurztriebknospen, welche schon im ersten Jahre weniger entwickelt waren und auch in der nächsten Vegetationsperiode nicht austreiben, viele Jahre als „schlafende Augen" („Ruheknospen", „Praeventivknospen", „Kryptoblasten" Hartig) im Knospenzustande verharren, bis sie wiederum durch äussere Bedingungen verschiedenster Art zum Austreiben veranlasst werden.[1]) Die Ruheknospen von Abies sind hie und da mit Adventivknospen verwechselt worden, mit denen sie aber in gar keinem Zusammenhange stehen.

Die normalen Langtriebe sowohl, wie die Kurztriebe sind an der Hauptaxe spiralig angeordnet, während dieselben an den Seitenzweigen zweizeilig stehen.[2]) Aehnlich verhält es sich scheinbar mit der Stellung der Blätter.

Während vom ersten Blattwirtel der jugendlichen Keimpflanze an die Nadeln am Hauptstamm auch später stets spiralig inserirt nach allen Seiten gleichmässig abstehen, ist an den Seitentrieben zwar die Insertion ebenfalls spiralig, doch biegen sich die oberen Nadeln bald nach Entfaltung der Knospe seitwärts hinab und die unteren in gleicher Weise aufwärts, so dass sie dann nach zwei Seiten kammförmig ausgebreitet stehen. Nicht aber kommt diese Stellung der Blätter bei Abies alba, wie Wigand[3]) angibt, dadurch zu Stande, dass die unteren Nadeln abfallen.

Nur in den Kronen älterer Bäume stehen die Nadeln an den dem Gipfel genäherten Trieben, welche die horizontale Stellung mit einer mehr aufwärts gerichteten vertauscht haben, sehr dicht neben einander

---

1) Hartig, R., Lehrbuch der Anatomie und Physiologie der Pflanzen mit besonderer Berücksichtigung der Forstgewächse, 1891, p. 118 ff.

2) Entwickelt sich am Scheitel eines Seitentriebes erster oder zweiter Ordnung eine vierte Knospe zum Trieb, was nicht selten vorkommt, so wächst dieser vierte Trieb nie nach oben, sondern immer nach unten aus.

3) Der Baum p. 123.

und haben die bilaterale Ausbreitung mit einer mehr allseitswendigen vertauscht, so dass die hier verhältnissmässig kurzen Triebe fast walzenförmig erscheinen.

Es herrscht also, wie aus Gesagtem hervorgeht, bei der uns beschäftigenden Species eine ausgesprochene Abhängigkeit des Verzweigungsmodus und der Stellung der Blätter von der Wachsthumsrichtung der Mutteraxen. Dies tritt noch in prägnanterer Weise bei einer Correlationserscheinung zu Tage, die sich an Tannen-Arten häufig beobachten lässt und allgemein bekannt ist. Wird ein Baum seines Gipfels beraubt oder die Endknospe durch Frost oder mechanische Verletzung zerstört, so richten sich ein oder auch zwei der zunächst inserirten Seitentriebe erster Ordnung auf, um den Hauptspross zu ersetzen. An solchen senkrecht aufgerichteten Seitentrieben entwickelt sich dann die Stellung der Nadeln, wie an der ursprünglichen Hauptaxe und zwar schon in der ersten Verjüngungsperiode. Ebenso geschieht es mit der Anlage und Weiterentwickelung seitlicher Glieder.

So viel sei hier über die äusseren Verhältnisse der Sprosssysteme und Knospenstellung von Abies alba vorausgeschickt; bei den im Haupttheil dieser Arbeit zu besprechenden Untersuchungen wird zwar in erster Linie der Inhalt der Knospe, der Vegetationskegel mit seinen seitlichen Aussprossungen behandelt werden, jedoch wiederholt auf die oben dargelegten Verhältnisse zurückgegriffen werden müssen.

Die Art der Gewebeanordnung, die Wachsthums- und Zelltheilungsvorgänge im Vegetationskegel oder einem Theile desselben sind während der letzten Jahrzehnte häufig Gegenstand eingehender Untersuchungen gewesen. Ich will hier nur an die Arbeiten von Sachs, Hanstein, Sanio, Russow, Dingler, Karsten, Korschelt, Schmitz, Percy Groom und L. Koch erinnern, welche sich sämmtlich auf diesem Gebiete bewegen und die ich später zum Theil noch zu berühren haben werde.

Bei der weitaus grösseren Mehrzahl dieser Arbeiten wurde nun eine bestimmte, zur Beobachtung vornehmlich geeignete Phase der Entwickelung herausgegriffen um daran die Anordnung und Thätigkeit einzelner Gewebe oder Gewebeelemente zu studiren. Dagegen sind vergleichende Untersuchungen über die im Innern der Knospe während der jährlichen Periode vorgehenden Veränderungen morphologischer und anatomischer Natur nur vereinzelt angestellt worden.

Askenasy[1]), welcher seine Beobachtungen in erster Linie an den Blüthenknospen von Prunus avium vornahm, war es hauptsächlich darum zu thun, den Einfluss der Temperatur auf die Entwickelung der Knospen zu erforschen und die Erscheinung der Winterruhe zu erklären. Die anatomische und morphologische Betrachtung trat bei seinen sehr sorgfältigen und zuverlässigen Untersuchungen mehr in den Hintergrund. Askenasy bestimmte Frischgewicht, Trockensubstanz und Stärkegehalt einer grösseren Anzahl von Knospen, die ein- und demselben Baume entstammten, während drei aufeinanderfolgender Jahre in bestimmten Zeitintervallen, ferner Länge und Breite der Knospen, Länge der Blüthen und deren Theile, und schloss — vornehmlich aus dem Gewicht der Knospen — auf das Steigen und Fallen der vegetativen Thätigkeit. Uebrigens hatte vor Askenasy bereits Geleznoff[2]) in ähnlicher Weise die Blüthen- und Laubknospen der Ulme, die männlichen und weiblichen Blüthenkätzchen der Birke, die Knospen von Acer pseudoplatanus und Corylus avellana verarbeitet, um Aufschlüsse über die Winterruhe zu erhalten.[3])

Mir schien es nun von Interesse, sowohl ein einigermaassen getreues Gesammtbild der vegetativen Thätigkeit der Bildungsgewebe des Sprossgipfels während des ganzen Jahres zu erhalten, als auch zu untersuchen, ob und in wie weit die Stellungsverhältnisse der Knospe am Baum und das Alter des letzteren auf die Form und den inneren Bau des Vegetationskegels einen Einfluss ausüben.

Daher hat sich die vorliegende Arbeit zur Aufgabe gemacht, einmal die Gestalt und Grösse der Vegetationskegel verschiedener Knospenformen während der Winterruhe, die Art der Vertheilung der meristematischen Gewebe unter Berücksichtigung des Inhalts der einzelnen Gewebeelemente festzustellen; ferner zu beobachten, welche äusseren und inneren Veränderungen von Beginn der Streckung an während der verschiedenen Entwickelungsphasen am Vegetationskegel sichtbar werden, wie lange Zeit vor Entfaltung der Knospe diese

---

1) Askenasy, E., Ueber die jährliche Periode der Knospen. (Bot. Ztg. 1877, p. 793 ff.).

2) Geleznoff, N., Observations sur le développement des bourgeons pendant l'hiver. (Bullet. de la société impér. de Moscou 1851, p. 135 ff.).

3) Zwei Arbeiten, mit denen ich leider erst nach Abschluss meiner Untersuchungen bekannt geworden bin, sollen unten näher berücksichtigt werden: Schroeder, J., Beitrag zur Kenntniss der Frühjahrsperiode des Ahorn (Acer platanoïdes) (Pringsh. Jahrb. 1869 VII p. 261 ff.), und: Fischer, A., Beiträge zur Physiologie der Holzgewächse (ebenda XXII 1891 p. 73 ff.)

Veränderungen in Action treten, wie sie fortschreiten und wie der status quo wiederhergestellt, d. h. die neue Winterknospe gebildet wird. Ausserdem werden diese Untersuchungen einzugehen haben auf die Abhängigkeit der Gestalt und inneren Gewebebildung des Vegetationskegels von der Stellung der Knospe am Baum und der Natur des Sprosses, dem die Knospe ihren Ursprung verdankt.

Anfänglich war die Untersuchung einer grösseren Anzahl verschiedener Baumarten beabsichtigt worden; doch bot mir die Weisstanne, mit deren Knospen ich meine Arbeit begann, ein so reiches Material, dass ich mich vorläufig auf diese Species beschränken musste.

Die ausgedehnten Weisstannenbestände in nächster Umgebung Freiburgs lieferten das Material zu meinen Beobachtungen.

Auch die vielerörterte Scheitelzellfrage und die Hanstein'sche Lehre von den drei Histogenen sollten in den Bereich dieser Arbeit gezogen werden und einen wichtigen Theil derselben ausmachen. Da erschien, gerade als ich die Vorarbeiten dazu vollendet und bereits einige diesbezügliche Untersuchungen begonnen hatte, eine Arbeit von L. Koch,[1]) welche die eben berührten Fragen, u. a. auch für A b i e s a l b a, in so eingehender Weise behandelt, dass mir weitere Untersuchungen in dieser Richtung überflüssig erschienen. Ich musste mich daher auf die Bearbeitung der übrigen Fragen, die ich mir gestellt, beschränken.

Ueber die Präparation der Objecte und die Herstellung der erforderlichen Schnitte sei noch Einiges kurz bemerkt.

Soweit nicht die Untersuchung frischen Materials geboten erschien, wurde ausschliesslich Alkoholmaterial, mit dem Mikrotom geschnitten, zur Beobachtung verwendet. Als Einbettungsmittel wurde C e l l o i d i n gebraucht, welches bei der Verarbeitung grösserer Mengen von Material, wie sie die vorliegende Arbeit erforderte, entschiedene Vortheile vor dem P a r a f f i n voraus hat. Die Vorbereitungen bis zur Einbettung bedürfen keiner Aufsicht, sondern erledigen sich von selbst, die Nachbehandlung der Schnitte ist eine bedeutend einfachere und zarte Schnitte laufen weniger Gefahr zerrissen zu werden, da sie von einer festen Celloidinhülle umgeben sind.

Ueber die Technik des Celloidineinbettungsverfahrens, wie ich

---

1) K o c h, L., Ueber Bau und Wachsthum der Sprossspitze der Phanerogamen. I. Gymnospermen. (Pringsh. Jahrb. Bd. XXII, 1891, p. 491—680, Taf. XVII—XXI).

sie bei meinen Arbeiten anwandte, habe ich bereits an anderer Stelle ausführlich berichtet.[1]) Seit einiger Zeit gebrauche ich statt des Celloidins ausschliesslich Photoxylin als Einbettungsmedium, welches — dem ersteren chemisch nahestehend — den erheblichen Vorzug besitzt, beim Erstarren eine vollkommen klare und durchsichtige Einbettungsmasse zu liefern und es so ermöglicht, auch kleine und schwach gefärbte Objecte in Form und Lage deutlich zu erkennen, was bei Anwendung des relativ trüben Celloidins nicht möglich ist.[2])

Bei passender Behandlung beider Einbettungsmedien lassen sich unverletzte Schnitte bis zu einer Minimaldicke von 10 μ herstellen, wie sie für meine Untersuchungen vollkommen ausreichten, ja sogar vielfach nicht einmal erforderlich waren.

Vor der Einbettung wurden die Knospen vorsichtig von den anhaftenden Stammtheilen und Nadeln und den Knospenschuppen befreit, entwässert, darauf mit Methylenblau, in absolutem Alkohol gelöst, durchgefärbt und schliesslich eingebettet. Diese Behandlung erleichterte das Orientiren der Objecte beim Schneiden bedeutend; denn der axile Markcylinder, dessen Gewebe zum Theil stark gerbstoffhaltige Membranen besitzt, wird durch Methylenblau stark tingirt und hebt sich gegen das übrige, embryonale Gewebe, welches nur minimal oder gar nicht gefärbt ist, scharf ab. Auf diese Weise gelingt es bei einiger Kenntniss des Baues der zu schneidenden Knospe leicht, in der richtigen Ebene zu schneiden, worauf es natürlich bei der Herstellung von Längsschnitten durch Vegetationskegel am meisten ankommt. Auch spart man insofern bedeutend an Zeit, als sich mit blossem Auge oder bei kleineren Objecten unter Zuhülfenahme der Loupe am gefärbten Schnittmaterial leicht erkennen lässt, wann man sich der Mediane nähert. Nun erst hat man nöthig, die Mikrometerschraube des Mikrotoms einzustellen und Schnittserien von gewünschter Dicke herzustellen, während man vorher unbekümmert dickere Stücke abschneiden und verwerfen durfte. Durch den beim Schneiden verwendeten Alkohol wurde das Methylenblau zum grossen Theil wieder ausgewaschen. Ich färbte sodann mit Kleinenberg'schem Häma-

1) Busse, W., Ueber die Anwendung der Celloidineinbettung in der Pflanzenanatomie. (Ztschr. für wissensch. Mikroskopie und mikroskopische Technik Bd. VIII, 1891, p. 462—475). - Nachträgliche Notiz zur Celloidineinbettung. (Ebenda Bd. IX, 1892, p. 49—50).
2) Busse, W., Photoxylin als Einbettungsmittel für pflanzliche Objecte. (Ebenda Bd. IX, 1892, p. 47—48).

t o x y l i n (nach der von S t r a s s b u r g e r[1]) angegebenen Vorschrift be-
reitet), welches meist noch beträchtlich mit Wasser verdünnt wurde
und danach mit J o d g r ü n (in 50 %-igem Alkohol gelöst). Ich will an
dieser Stelle auf solche rein technische Dinge nicht näher eingehen;
welchen Werth geeignete Doppeltinctionen bei der Untersuchung verschieden constituirter Gewebecomplexe besitzen, ist bekannt und dass
eine solche Behandlung der Schnitte bei vorliegender Arbeit in einzelnen
Fällen fast unerlässlich war, wird aus dem Folgenden ersichtlich werden.

Als Einschlussmittel für gefärbte Schnitte meristematischer Gewebe wandte ich in letzter Zeit mit vorzüglichem Erfolge die von
L. K o c h[2]) unlängst empfohlene D a m m a r l ö s u n g an, welche bei
derartigen Präparaten den entschiedenen Vorzug vor der G l y c e r i n-
g e l a t i n e und auch vor dem Canadabalsam verdient.

Untersuchungen.

R u h e p e r i o d e.

Wie ein Längsschnitt der W i n t e r k n o s p e von Abies zeigt,
wird letzere vom Stamme durch eine becherförmige Gewebebildung
geschieden, in welche der die jugendlichen Blattanlagen tragende
Vegetationskegel eingesenkt ist. Diese „K n o s p e n s c h e i d e", ein
vollkommen unentwickeltes Internodium (und daher von W i g a n d[3])
im Gegensatz zu den „S t e n g e l g l i e d e r n" [= Internodien] „K n o s-
p e n g l i e d" genannt) besteht aus einem festen Gewebe dickwandiger
und stark getüpfelter Zellen, deren Wände, wenigstens so lange die
Knospe als solche existirt, aus reiner Cellulose bestehen. Der Boden
des Bechers wird an seiner Peripherie von den Gefässbündeln durchsetzt (Fig. 1 und 2 kn) und ist eine ebene oder schwach gewölbte
Scheibe, deren Rand seitlich an den Bündeln nach unten verläuft.
Das Gewebe der Knospenscheide setzt sich gegen das Mark des
Sprosses ganz unvermittelt ab, während seine Zellen nach oben all-
mählicher in die des Meristems übergehen. Das direct an die Scheide
angrenzende Markstück unterscheidet sich in Form und Anordnung
seiner Zellen von dem tiefer liegenden normal gebauten Markcylinder.
Während die letztere aus mehr oder weniger rechteckigen und lang-

---

1) S t r a s s b u r g e r, E., Botanisches Practicum p. 639.
2) K o c h, L., Mikrotechnische Mittheilungen. (Pringsh. Jahrb. f. wissensch.
Bot. Bd. XXIV).
3) Der Baum p. 38.

gestreckten, starkwandigen, getüpfelten Zellen zusammengesetzt ist, welche ohne grössere Intercellularräume aneinander schliessen, stellt die darüber befindliche breite Markzone ein aus rundlichen, isodiametrischen Zellen bestehendes lockeres Gewebe dar. An der Grenze jedes Jahreszuwachses wird der Markcylinder quer von der ehemaligen Knospenscheide durchsetzt, darunter findet sich stets die lockere Gewebezone, an welche sich das normal gebaute, typische Mark anschliesst.

Das letztere wird durch Gruppen sklerotischer Elemente, in Form flacher, horizontal eingelagerter Scheiben in gewissen Abständen unterbrochen; in der lockeren Zwischenzone sind solche sklerotische Zellen nie vorhanden.

Die Wandung des Bechers trägt die jüngsten — innersten — Knospenschuppen, während eine aus der Rinde des Stammes hervorgegangene compendiöse Wucherung lockeren parenchymatischen viel Schleim führenden Gewebes die äusseren Schuppen trägt und den unteren Theil der Knospe schützend umhüllt. Bei der Endknospe des Stammes ist dieser Ringwall besonders stark ausgebildet und reicht mindestens bis zur Höhe des Scheitels der Vegetationskuppe. Schon bei äusserer Betrachtung des den Gipfel normal gebildeter Weisstannen krönenden Knospensystems fällt sofort ins Auge, dass die kurze und gedrungene Endknospe besonders tief in das sie umgebende Gewebe eingesenkt ist und dadurch der Keim des künftigen Hauptstammes im Vergleich mit den exponirter stehenden Seitenknospen gegen Frost, mechanische Verletzung oder Abbrechen durch die Natur ausgezeichnet geschützt ist, eine Bevorzugung, welche mit der bereits früher betonten Bedeutung der Hauptaxe für die Architektur des Baumes im Einklange steht.

Wie die Endknospe selbst, so zeigt auch ihr Vegetationskegel eine kurze gedrungene Form, während die Seitenknospen steile schlanke Kegel bergen; bei ersterer ist die Kuppe schwach, bei letzterer stärker gewölbt.

Der Kegel der Endknospe ist ungefähr so lang, als seine Breite an der Basis — von den äussersten Insertionsstellen der untersten Blattanlagen an gemessen — beträgt. Die durchschnittliche Länge von 22 Kegeln, welche den Endknospen 12.—15-jähriger Pflanzen (im Januar geschnitten!) entstammten, betrug 1,93 mm, die durchschnittliche Breite derselben Kegel 2,06 mm. Die schwach gewölbte Kuppe ist öfters am Scheitel ein wenig zugespitzt und ragt während der Winterruhe in den meisten Fällen, wenn auch nur unbedeutend, über die Spitzen der oberen Blattanlagen hinaus. (Fig. 1). Die Zahl der vom Medianschnitte jeweils getroffenen Blattanlagen schwankt zwischen 10 und 12. Zwischen einzelnen Blättern sind die Anlagen künftiger Kurztriebknospen als unbedeutende Protuberanzen sichtbar (Fig. 1 u. 2 ss); die Zahl derselben richtet sich natürlich nach der Lage der Schnittebene. Anders sind die Verhältnisse bei den Sprossanlagen der Quirl-knospen. Der schlanke Kegel derselben übertrifft an Länge die des zugehörigen Terminalkegels beinahe um ein Drittel und die eigene Breite an der Basis beinahe um die Hälfte. Die durchschnittliche Länge der Kegel von 67 Quirlknospen, welche den Knospensystemen der gemessenen Endknospen entstammten, betrug 2,85 mm, ihre Breite 1,54 mm. Unter sich sind die Kegel der Quirlknospen ein- und desselben Systems bei normaler Ausbildung in der Länge einander meist gleich, jedenfalls nur unbedeutenden Schwankungen unter-worfen. Ebenso wie beim Terminalkegel werden die oberen Blatt-anlagen vom Scheitel der hier allerdings stärker gewölbten Kuppe überragt. (Fig. 2). Die Zahl der durchschnittenen Blattanlagen schwankt zwischen 15 und 22, beträgt in der Regel 18.

Die freie Oberfläche der Sprossaxe kommt übrigens während des Knospenzustandes zwischen den Basen der Blattanlagen nicht zum Vorschein, da sie von diesen dicht überdeckt ist.[1]

Die Prävalenz an Blattanlagen bei den Kegeln der Quirlknospen liegt in der Aufgabe der letzteren begründet, Sprosse zu erzeugen, welche in erster Linie Laubträger sind, während bei dem Hauptspross die Laubbildung eine bei weitem untergeordnetere Bedeutung besitzt.

Der anatomische Bau des Vegetationskegels ist, wie bekannt, der Ausgangspunkt zahlreicher, zum Theil sehr wichtiger und grund-legender Arbeiten geworden. Es wurden verschiedene Theorien auf-gestellt über die Anordnung der meristematischen Gewebe im Vege-tationspunkt, die Veränderungen, welche im Laufe der Wachsthums-perioden in letzterem vor sich gehen und über die Orte des Ursprungs der einzelnen Gewebesysteme des Pflanzenkörpers.

Hofmeister und Naegeli begründeten die Scheitelzell-theorie, Hanstein die Lehre von den drei gesonderten Histogenen. Es folgten darauf die mannigfaltigsten Diskussionen über die Gültig-keit dieser Lehren im Allgemeinen und Besonderen. Weiter legte Sachs die geometrischen Beziehungen klar, welche zwischen den

---

1) Goebel, Grundzüge der Systematik und speciellen Pflanzenmorphologie p. 361.

Zelltheilungen im Vegetationspunkt und der äusseren Form des aus letzterem entspringenden Organs bestehen.

Ein näheres Eingehen auf die hierhergehörige Litteratur ist nicht mehr am Platze, da Ludwig Koch in seiner oben citirten unlängst erschienenen Arbeit[1]) diesem Gegenstande ein umfangreiches Capitel gewidmet hat und ich nur dort Gesagtes wiederholen könnte.

Ueber den Bau des Vegetationskegels der Gymnospermen und die Entwickelung der Gewebe aus dem Urmeristem herrschten und herrschen, wie gesagt, stark differirende Ansichten. Hatten auch verschiedene neuere Untersuchungen den Glauben an die Existenz einer Scheitelzelle im Vegetationspunkt der Gymnospermen wesentlich erschüttert, so hielt doch eine geringe Zahl von Forschern noch an diesem Glauben fest, so Dingler[2]) und Korschelt[3]); und kurz vor Drucklegung der Arbeit von L. Koch erschien eine Veröffentlichung von Douliot[4]), welcher sich ganz entschieden für das Wachsthum durch Theilung einer einzigen Scheitelzelle bei den Gymnospermen ausspricht. Koch hatte ebenfalls die Scheitelzellfrage behandelt und kam zu dem Resultate, dass die Gymnospermen eine echte Scheitelzelle nicht besitzen, sondern dass der Scheitel des Sprosses aus 1 bis 4 — bei Abies 4 -- Zellen gebildet wird, die jedoch mit der Bildung der angrenzenden Zelllagen in keinem Zusammenhange stehen. Von Abies untersuchte Koch lediglich die Vegetationskegel mehrjähriger, kräftiger, im Wachsthum begriffener Sprosse, indem er von der Voraussetzung ausging, dass sich die Scheitelzelle, wenn sie überhaupt vorhanden sei, jedenfalls an den Kegeln lebhaft wachsender Knospen auffinden lassen müsste.[5]) Seine Beobachtungen wurden hauptsächlich an Serien von 0.015 mm dicken Längsschnitten gemacht, daneben auch an äusserst dünnen, ebenfalls mit dem Mikrotom hergestellten Querschnitten. Die Schnitte wurden vor der Beobachtung mit Hämatoxylin oder Safranin gefärbt.

---

1) Ueber Bau und Wachsthum der Sprossspitze der Phanerogamen. Pringsh. Jahrb. Bd. XXII, 1891.

2) Dingler, Ueber das Scheitelwachsthum des Gymnospermenstammes. München 1882. — Dingler, Zum Scheitelwachsthum der Gymnospermen. 1886.

3) Korschelt, Zur Frage über das Scheitelwachsthum bei den Phanerogamen. 1884.

4) Douliot, Recherches sur la croissance terminale de la tige des Phanérogames. 1890.

5) p. 512.

Schon in Hinblick auf die Art der Präparation seines Be-
obachtungsmaterials dürften die Resultate von Koch grösseren An-
spruch auf Wahrscheinlichkeit erheben, als diejenigen früherer Autoren,
welche die Scheitelzelle an optischen, mittels Kalilauge stark aufge-
hellten Längs- und Querschnitten beobachtet haben wollten.

Ferner prüfte Koch die Vegetationspunkte der Gymnospermen
hinsichtlich des Vorhandenseins der Hanstein'schen gesonderten
Histogene und stellte fest, dass, wie Pfitzer[1]) und Strassburger[2])
schon früher betont, eine Differenzirung des Scheitelgewebes in Der-
matogen und Periblem nicht vorhanden ist, sondern die Vegetationskuppe von mehreren Lagen eines Gewebes gebildet wird, welches
Koch „typisch-embryonales" Gewebe nennt, weil es sich in
typischer Form am jugendlichen Embryo vorfindet. Das typisch-
embryonale Gewebe der Hüllschicht, deren äussere Zelllage zur
Epidermis wird und deren innere Lagen den Gefässbündeln, der Rinde
und seitlichen Aussprossungen den Ursprung geben, stellt ein einheit-
liches Aggregat von Zellen dar, welche sich durch reichen Plasma-
inhalt, grosse Kerne und äusserst zarte Wandungen auszeichnen.
Die Procambialstränge sind in der Winterknospe von Abies deutlich
differenzirt als Stränge langgestreckter, parallel gelagerter Zellen mit
länglichen, ebenfalls parallel liegenden Kernen bemerkbar.

Eine Abgrenzung des Periblems gegen das Gewebe des centralen
Markkörpers, des „Pleroms" (Hanstein) ist, wie Percy Groom[3])
constatirte, nur in Ausnahmefällen deutlich sichtbar. Auch ich fand
bei der grossen Zahl der von mir untersuchten Vegetationspunkte
erwachsener Pflanzen von Abies nur sehr selten eine schärfere
Abgrenzung beider Gewebe; anders liegen die Verhältnisse, wie später
gezeigt werden wird, bei jungen Pflanzen.

Bezüglich des Pleroms bemerkt Koch für Abies alba folgen-
des[4]): „Nur für das Plerom und zwar noch am wenigsten für dessen
Initialen, die ja nach dem Gesagten den das Gewölbe des Scheitels
ausmachenden Innenlagen gegenüber nicht scharf abgegrenzt sein
können, wären einzelne der Hanstein'schen Kennzeichen — sie beziehen sich auf das centrale Gewebe im Gegensatz zu der engzelligen

<hr>

1) Pfitzer, Beiträge zur Kenntniss der Hautgewebe der Pflanzen, 1871, p. 56.
Pfitzer, Untersuchungen über die Entwickelung des Embryos der Coniferen,
1871, p. 893 ff.
2) Strassburger, Die Coniferen und Gnetaceen p. 327.
3) P. Groom, Ueber den Vegetationspunkt der Phanerogamen, 1885, p. 306.
4) p. 608.

Hüllschicht — vorhanden. Die Aufstellung oder Beibehaltung nur dieses einen Histogens hätte indessen einerseits keinen Werth, sie wäre auch andererseits nicht gerechtfertigt, weil es sich ja um nichts anderes, als um die Herstellung des direct von dem embryonalen Gewebe der Scheitelspitze abzuleitenden Markes handelt."

Das Mark ist nun aber keineswegs immer aus einheitlichem Gewebe gebildet, sondern es wechseln meist mehr oder weniger regelmässig ausgebildete longitudinale Reihen dünnwandigen, embryonalen Gewebes mit solchen dickwandiger, wenigen wandständigen Inhalt führender Zellen ab. (Fig. 6). Im Kegel der winterlichen Stammendknospe fällt diese Erscheinung besonders ins Auge; hier dürften sich beide Gewebearten an Quantität gleichkommen oder das embryonale Gewebe überwiegt. Für die übrigen Knospen von Abies gilt die Regel, dass, je breiter und massiger der Kegel und mit ihm der Markcylinder angelegt ist, desto zahlreicher die plasmareichen, embryonalen Zellen (Fig. 6 ee) im Gesammtgewebe des letzteren vertreten sind. Bei den schmalsten Kegeln von Knospen schmächtiger Seitenaxen ist die Zahl solcher Zellen verschwindend klein und bedeutend prävalirt das derbwandige, weitlumige Element (Fig. 6 gg), das ich kurzweg „Grundgewebe" nennen will; bei ein- bis dreijährigen Pflanzen besteht das Plerom nur aus Grundgewebe. Uebrigens sind die longitudinalen Zellreihen im Mark der Endknospe nicht in der Weise angelegt, dass sie in gleicher Ausdehnung von oben bis unten durch den Markkörper verlaufen, sondern sie verbreitern sich im Allgemeinen nach der Basis zu und häufig durchsetzen sie sich gegenseitig an verschiedenen Stellen, doch so, dass der Charakter der Reihenanordnung auf dem Gesammtbild des Markes dadurch nicht wesentlich gestört wird. Die Breite der Reihen beträgt 1—3, höchstens 4 Zelllagen.

Bei den Kegeln schmächtiger Seitenknospen treten die embryonalen Zellen, wie gesagt, erheblich in den Hintergrund und sind nur zerstreut, entweder in Form einzellbreiter Längsreihen oder kleiner Gruppen, aus wenigen Zellen bestehend, dem Grundgewebe des Markes eingelagert.

Zur leichteren Erkennung und genauen Unterscheidung ist der Gerbstoffgehalt der Membranen des Grundgewebes verwerthbar, da die gerbstoffdurchsetzten Membranen reichlich Anilinfarben speichern. Bismarckbraun und Jodgrün erwiesen sich ausser Methylenblau als besonders geeignet zur Färbung. Wurden die Mikrotomschnitte mit Kleinenberg'scher Hämatoxylinlösung vorgefärbt und darauf in Jodgrün (conc. Lösung in 50%-igem Alkohol) gebracht, so erhielt man schön übersichtliche Bilder: die gerbstoffhaltigen Zellen des Grundgewebes traten intensiv grün aus dem leicht violett gefärbten embryonalen Gewebe hervor.

Im Mark der Axe lässt sich die ursprüngliche histologische Verschiedenartigkeit der einzelnen Zellreihen nicht mehr erkennen und nur in dem direct unter der Scheide gelegenen lockeren Gewebecomplex kann man mit Hilfe einer sehr scharfen Reaction den genetischen Zusammenhang gewisser Zellgruppen mit dem ehemaligen Grundgewebe des Pleroms nachweisen. Der Gerbstoffgehalt der Membran ist hier, nachdem die Markzellen ihre definitive Ausbildung erlangt haben, ein so geringer geworden, dass Eisenacetat oder Methylenblau zum Nachweis kaum mehr hinreichten. Doch 1%-ige Ueberosmiumsäure färbte die betreffenden Zellwände noch dunkelbraun und bei Auswahl passender Objecte liess sich sofort erkennen, dass diejenigen Zellgruppen, deren Wände sich gebräunt hatten, die directe Fortsetzung der Grundgewebereihen im Mark des Kegels bildeten. Wie an Schnitten aus frischem Material festgestellt wurde, ist in den embryonalen Markzellen reichlich Chlorophyll enthalten, besonders in den an die Procambialstränge innen angrenzenden Zellreihen der „Markgrenze", während die periphere Rindenschicht wenig und das typisch-embryonale Gewebe der Vegetationskuppe kein Chlorophyll führt, ebenso die jüngsten Blattanlagen. In den Blättern der Winterknospe nimmt der Chlorophyllgehalt nach der Spitze hin zu, so dass die letzteren die chlorophyllreichsten Theile des Knospeninhaltes darstellen. Gänzlich frei von Chlorophyll ist die Knospenscheide. Stärke fand sich Ende Januar nur ganz vereinzelt vor und zwar ausschliesslich in den embryonalen Zellen des Markes. Sämmtliche übrigen Gewebe waren frei von Stärke. Ich will an dieser Stelle gleich vorausschicken, dass sich in der Knospenscheide zu keiner Zeit des Jahres Stärke vorfindet.

Gerbstoffe. Wie bereits erwähnt, ist das Grundgewebe des Markes gerbstoffhaltig. Der Gerbstoff tritt hier im Zellsaft gelöst auf und die verhältnissmässig dicken Membranen dieser Zellen sind vollständig von Gerbstoff durchsetzt. Die Entwässerung des Materials vor der Einbettung hatte auf diejenigen Gerbstoffe, welche in den Membranen niedergeschlagen sind oder in festen später zu beschreibenden Formen Inhaltsbestandtheile gewisser Zellen darstellen, in keiner Weise eingewirkt, wodurch die anatomische Untersuchung dieser Körper wesentlich erleichtert wurde.

Die Membranen der Grundgewebezellen sind so stark mit Gerbstoff infiltrirt, dass sie durch Ferriacetat fast blauschwarz gefärbt werden. Eine ähnliche Reaction trat schon ein, wenn die Schnitte etwas länger, als gewöhnlich, auf dem blanken Messer des Mikrotoms liegen bleiben mussten.

Absolut gerbstofffrei ist sämmtliches embryonale Gewebe, überhaupt das Protoplasma[1]) und die primitive Zellwand jugendlicher Zellen. Dass Gerbstoffaufnahme in die Zellwand nur bei secundären Membranbildungen erfolgt, ist bereits von Th. Hartig[2]) betont worden.

Aehnlich wie die Zellen des Grundgewebes verhalten sich einige rundliche oder längliche Zellen, welche in der peripheren Rindenschicht der unteren Hälfte des winterlichen Vegetationskegels seitlich an die Procambialstränge angeschmiegt liegen. Diese Zellen treten durch ihre Grösse und derberen Membranen aus dem sie umgebenden embryonalen Gewebe hervor; sie haben nicht selten Querwände gebildet und führen zum Theil feinkörnigen Gerbstoff als Inhalt. Ihre Membranen zeigen gegen Reagentien aller Art genau dasselbe Verhalten, wie die Zellwände des Grundgewebes im Marke, sind also ebenfalls vollständig von Gerbstoff durchsetzt. Diejenigen Zellcomplexe der Knospenscheide, welche die directe Fortsetzung der longitudinalen Reihen des Grundgewebes bilden, sind mehr oder weniger mit feinkörnigem, eisenbläuendem Inhalt erfüllt, besitzen jedoch vollkommen gerbstofffreie Membranen. Die übrigen, aus embryonalen Markelementen hervorgegangenen Zellen des Scheidengewebes enthalten wie diese reichlich Plasma und grosse Kerne, aber niemals Gerbstoff.

Vegetationsperiode.

In diesem Abschnitte sollen zunächst die Resultate verzeichnet werden, welche die vergleichende Untersuchung des Vegetationskegels von Beginn der Streckung der überwinterten Knospe bis zur definitiven Ausbildung des nächstjährigen Knospensystems ergab. Und zwar beziehen sich die folgenden Angaben ebenfalls auf die Vegetationskegel der Knospen des Hauptsprossgipfels ca. 12- —15-jähriger, normal entwickelter Bäume, welche bezüglich ihres Standortes und der Be-

---

1) Vgl. a. Klercker, J. af, Studien über Gerbstoffvacuolen. Diss. Tübingen 1888.
2) Das Gerbmehl. Bot. Ztg. 1865, p. 53 ff.

sonnung weder besonders bevorzugt noch benachtheiligt waren. Es wurden jeweils nur 12—15 möglichst gleichmässig gewachsene Exemplare ihres Gipfels beraubt, da das Köpfen einer grösseren Zahl von Pflanzen eine nicht unbedeutende Schädigung des Waldbestandes bedeutet hätte, zumal während des Frühjahrs in kürzeren Zeitintervallen Material gesammelt werden musste. Bei geeigneter Auswahl des Materials glaubte ich schon aus dem Befund einer beschränkten Zahl von Objecten Schlüsse von allgemeiner Gültigkeit ziehen zu dürfen, da die Knospen der Edeltanne sich unter sonst normalen Bedingungen ausserordentlich gleichmässig entwickeln. Die Kegel der Endknospe und der zugehörigen Quirlknospen wurden getrennt untersucht und die Resultate werden, soweit sich Unterschiede geltend machen, im Folgenden gesondert besprochen und mit einander verglichen werden. — Die erste Streckungserscheinung trat im Jahre 1891 gegen den 20. März auf.

23. März.

Bei der Endknospe zeigt sich die Streckung vorläufig nur in den jugendlichen Blattanlagen, welche sich in Folge dessen höher über den Scheitel des Vegetationspunktes erheben, während ihre obersten Spitzen während der Ruhezeit meist von letzterem überragt wurden. In Länge und Breite des Kegels zeigen sich keine Veränderungen gegen früher.

Dagegen hat der Kegel der Quirlknospen um ein Drittel an Länge zugenommen (3,85 mm gegen 2,85 mm in der Winterruhe); die Breite an der Basis beträgt jetzt 1,78 gegen 1,54 mm.[1] Das Wachsthum der Blattanlagen correspondirt soweit mit dem der Axe, dass noch keine freiliegenden Interfoliartheile an Letzterer sichtbar sind. Andererseits erhebt sich der Sprossscheitel nach wie vor über die Spitzen der oberen Blätter.

Im Mark der Endknospe zeigt sich reichlich Stärke, in den Blattanlagen wenig und zwar nur in den Spitzen derselben.

Im Gewebe der Knospenscheide finden sich zerstreut einige homogene, stark lichtbrechende, Oeltropfen ähnliche Körper, welche durch concentrirte Schwefelsäure dunkelbraun, durch Kalilauge hellbraun gefärbt werden. Beim Erwärmen der Schnitte mit Kalilauge

---

1) Zahlen, welche aus nur 12—15 Messungen gewonnen sind, können natürlich nur von relativem Werthe sein; immerhin dürften in Anbetracht der die Grössenverhältnisse der Organe von Abies alba beherrschenden mathematischen Gesetzmässigkeit hier derartige Schlüsse eher acceptirt werden können, als bei der Untersuchung anderer Holzgewächse.

treten diese Körper unverändert aus den durch die erhebliche Quellung der Membranen verengerten Zellen heraus. Sie sind schwach gerbstoffhaltig, werden durch Eisenchlorid und -acetat schmutziggrün gefärbt und geben auch mit Kaliumbichromat schwache Gerbstoffreaction. Die eben beschriebenen Körper treten übrigens unabhängig von dem früher erwähnten feinkörnigen, eisenbläuenden Inhalt gewisser Zellgruppen des Scheidengewebes auf; während der Winterruhe konnte ich sie niemals entdecken, jedoch regelmässig während der folgenden Phasen der Frühjahrsperiode.

Wohl im Zusammenhange mit der erheblicheren Streckung der Quirlknospen findet sich bei diesen schon reichlicher Stärke vor, sowohl im Marke des Kegels, wie in den Blattanlagen; auch hat in den letzteren nicht bloss an den Spitzen, sondern auch von der Basis an in der Spreite — wenn man bei Blattanlagen in fast embryonalem Stadium überhaupt von Spreite reden darf — vereinzelte Ansammlung von Stärkekörnern stattgefunden.

8. April.
Zeitintervall: 16 Tage.

Auch in der Endknospe hat jetzt eine Streckung des Kegels in die Länge stattgefunden (2,61 mm gegen 1,93 mm in der Winterruhe). Die Blattanlagen haben sich intensiver gestreckt und überragen den Scheitel des Vegetationspunktes ganz erheblich und das Bild hat sich gegen früher einigermaassen verändert, da der Kegel seine gedrungene Gestalt zu verlieren beginnt. Zum ersten Male treten jetzt die Vegetationspunkte der künftigen Langtriebknospen als wohlcharakterisirte Zellhügel am Hauptvegetationspunkt hervor.

Während der Ruheperiode ist man nicht im Stande, die Anlagen der künftigen Quirlknospen von den obersten, ebenfalls im jüngsten embryonalen Zustand befindlichen Blattanlagen genau zu unterscheiden, da beide Formen von Aussprossungen in den meisten Fällen in diesem Stadium äusserlich vollkommen gleich sind. Später erst lassen sich die Keime von Sprossen und Blättern an der in Frage kommenden Zone des Kegels deutlich von einander trennen und man kann feststellen, dass die künftigen Quirlknospen keineswegs immer über den obersten Blättern, sondern häufig auch in der Achsel des zweiten Blattes — von oben gerechnet — angelegt werden.

Die von Hofmeister[1]) geäusserte Ansicht, dass es nirgends

---

1) Hofmeister, Handbuch der physiologischen Botanik, I (Leipzig 1867), p. 40.

gelungen sei, das Hervorsprossen einer Seitenaxe unterhalb bereits
angelegter Blätter zu beobachten, ist bereits des öfteren angezweifelt
und widerlegt worden. So fand Strasburger, dass die vegetativen
Achselknospen von Ephedra tiefer als die obersten Blätter angelegt
werden;[1]) dass für Abies dasselbe gilt, zeigte mir die Untersuchung
in zahlreichen Fällen. Auch Hanstein[2]) betont die ursprüngliche
Analogie von Blatt und Seitenspross, „die, ohne dass eines an den
Vortritt des anderen gebunden ist, als gleichberechtigte Verzweigungs-
erzeugnisse unter dem Wachsthumsscheitel hervorgebracht werden
können."

In einigen Procambialzellen sind bereits ring- und spiralförmige
Leisten gebildet worden, während sich andere secundäre Wandver-
dickungen in den betreffenden Zellen nicht erkennen lassen.

Stärkegehalt: Die Zellen des Markkörpers, vor Allem die
„embryonalen" Zellreihen, sind dicht mit Stärke erfüllt, ebenso ist in
den Blattanlagen reichlich Stärke vorhanden und vertheilt sich jetzt
über die ganze Spreite, mit Ausnahme der Procambialstränge,
in denen sich niemals Stärke findet. Immerhin prävaliren noch die
Spitzen der Blätter im Stärkegehalt. Die Vegetationskuppe und
die zu oberst inserirten jüngsten seitlichen Aussprossungen, sowohl
Blatt- wie Sprossanlagen — also sämmtliches „typisch-embryonale"
Gewebe — ist frei von Stärke. Reichlich findet sich letztere im
Marke der Axe vor.

Das Längenwachsthum der Kegel der Quirlknospen hat derartig zugenommen, dass die Länge des Kegels (4,30 mm) die Breite
desselben an der Basis (2,00 mm) nunmehr um das Doppelte übertrifft.
Auch das Dickenwachsthum hat bereits begonnen; die Breite des
Kegels an der Basis beträgt 2,00 mm gegen 1,54 mm in der Winterruhe. Die Streckung der Blattanlagen hat mit der Axenanlage bis
jetzt gleichen Schritt gehalten, so dass der Sprossscheitel die obersten
Spitzen der Blattanlagen in den meisten Fällen noch überragt.

Was das Vorkommen von Stärke und Gerbstoffen in den
Quirlknospen anbetrifft, so findet, nachdem die Streckung auch bei der
Terminalknospe begonnen hat, von nun an kein Unterschied von Bedeutung zwischen beiden Knospenformen mehr statt; die diesbezüg-
lichen Angaben werden daher bei Besprechung künftiger Entwickelungsphasen auf die Kegel beider Knospen gemeinsamen Bezug haben.

---

1) Strasburger, die Coniferen und Gnetaceen p. 329, p. 331.
2) Hanstein, die Scheitelzellgruppe im Vegetationspunkt der Phanerogamen
(Ber. der Niederrhein. Ges. für Natur- und Heilkunde 1868) p. 121.

14. April.
Zeitintervall: 6 Tage.

Der Kegel der Endknospe zeigt minimalen Fortschritt im Längenwachsthum (2,72 mm gegen 2,61 mm); bei den Quirlknospen ist die Streckung bedeutender (5,29 mm gegen 4,30 mm). Die Dicke ist bei beiden unverändert geblieben.

Bei den Kegeln der Quirlknospen treten an den Basen der Blätter Gewebewülste, sog. „Blattkissen" (Fig. 3 bk) auf, welche die Interfoliartheile der Axenanlagen vollständig bedecken, indem sie während des Anfangs der Streckungsperiode in Länge und Breite mitwachsen.[1] Im Stärkegehalt zeigen sich keine Veränderungen gegen früher.

Die Gerbstoffzellen im Rindengewebe der unteren Hälfte des Kegels, welche sich inzwischen erheblich in die Länge gestreckt haben, füllen sich so dicht mit körnigem Inhalt an, dass sie durch Methylenblau fast schwarzblau gefärbt werden.

22. April.
Zeitintervall: 8 Tage.

Der Kegel der Endknospe zeigt Zunahme in der Länge (3,34 mm gegen 2,72 mm) und zum ersten Male auch der Dicke (2,58 mm gegen 2,06 mm in der Ruheperiode). Die Blattkissen treten jetzt auch am terminalen Kegel auf.

In den Quirlknospen haben die Kegel ungefähr in demselben Maasse an Länge zugenommen, wie in der Endknospe, auch die Blattanlagen haben sich soweit gestreckt, dass ihre Spitzen die Vegetationskuppe, wenn auch nur wenig, überragen.

Das peripherische Gewebe, welches später zur primären Rinde wird, hat sich gelockert; es zeigen sich vielfach weitlumige, in lebhafter Theilung begriffene Zellen.

Stärkegehalt: gegen früher unverändert.

29. April.
Zeitintervall: 7 Tage.

Endknospe (Fig. 3): Der Kegel hat sich um 0,8 mm verlängert; auch die Blattanlagen sind gewachsen und erheben sich weiter über den Scheitel der Vegetationskuppe als vordem. Einige der obersten von ihnen zeigen schon durch ihre zugespitzte Form den Beginn der

---

1) Goebel, Grundzüge p. 361.

2*

Umbildung in Knospenschuppen für die künftige Terminalknospe an (Fig. 3 ks). Durch fortgesetzte Zelltheilungen auch im
oberen Theile des Markes hat der Kegel die ursprüngliche Form der
Pyramide aufgegeben und sich der des Cylinders bedeutend genähert.
Bei den in der Querrichtung vor sich gehenden Zelltheilungen innerhalb des Markes scheinen sich in erster Linie die plasmareichen,
embryonalen Charakter tragenden Zellen zu bethätigen; so zeigen sich
die den Markcylinder gegen die Procambialstränge abgrenzenden Zelllagen in lebhafter Bildung von Längswänden begriffen.

Einige Zellen des Grundgewebes, meist die Endzellen kürzerer
Reihen, haben durch wiederholte Theilungen Conglomerate gebildet,
welche die ursprüngliche Reihenanordnung einigermaassen stören und
das Bild des Zellnetzes verändert haben.

Im peripherischen Rindengewebe lassen sich die Anlagen zu
Harzgängen erkennen, doch ist eine Differenzirung der Harzab-
sonderungszellen noch nicht eingetreten.

Der Kegel der Quirlknospen hat sich seit dem 22. April nur
unbedeutend mehr als der terminale Kegel in die Länge gestreckt;
seine Länge beträgt jetzt 7 mm.

An dem Sprossgipfel der jugendlichen Seitenaxe sind die Anlagen
für das künftige Knospensystem ebenfalls wahrnehmbar, wenn auch
in weniger vorgeschrittenem Entwickelungsstadium, als am Kegel der
Endknospe.

Die Blattanlagen überragen die Kuppe schon ganz erheblich.

Im Gewebe der Hauptvegetationskuppe beginnt sich das Mark
für den künftigen Kegel zu differenziren: einzelldicke Reihen weitlumiger, dickwandiger Elemente durchsetzen in longitudinaler Richtung
den embryonalen Gewebecomplex. Die Zellen des künftigen „Grundgewebes" geben bereits deutliche Gerbstoffreaction.

Stärke: massenhaft im Gesammtgewebe des Markkörpers.

Die gerbstoffhaltigen Zellen seitlich der Procambialstränge
sind zu längeren Schläuchen geworden, welche enorm an Inhalt zugenommen haben.

9. Mai.
Zeitintervall: 11 Tage.

Die Knospe hat inzwischen die schützende Hülle der Knospenschuppen gesprengt und ihre Individualität als Knospe aufgegeben,
der Vegetationskegel ist zur freiwachsenden jungen Axe geworden,
der Keim zum Organ.

Die aus der Endknospe entstandene Hauptaxe ist 11—12 mm lang und trägt an ihrer Spitze die durch Anschwellung des Axenendes schon makroskopisch sichtbare Anlage des nächsten Knospensystems. Das intensive Längenwachsthum der Axe hat zur Folge gehabt, dass nun auch freie Interfoliartheile sichtbar sind, aus deren Oberhaut vereinzelte papillenartige Emergenzen hervortreten. Während die Längenzunahme des jungen Sprosses von nun an durch Theilung und Streckung schon angelegter Gewebeelemente bewirkt wird, beschäftigt sich die Vegetationskuppe mit der Anlage des Kegels für die künftige Knospe.

Die Blätter haben sich stark gestreckt und diejenigen von ihnen, welche zu Knospenschuppen für die nächste Winterknospe werden, schliessen schon über der Vegetationskuppe zusammen, da diese nach dem Verluste der alten Hülle andernfalls freiliegen würde. Die Anlagen für die Quirlknospen des künftigen Systems stehen an Massigkeit hinter der der Endknospe zurück. Die Breite ihrer Vegetationskuppe beträgt an der Basis 0,3 mm, kaum zwei Drittel von der der künftigen Terminalknospe.

Das Grundgewebe des Markes ist auch in diesen jungen Kuppen bereits angelegt und in Gestalt von 2—3 Reihen weitlumiger Zellen erkennbar.

Die Länge der aus den Quirlknospen hervorgegangenen Axen beträgt beinahe das Dreifache von der der zugehörigen Hauptaxe: 32—34 mm. Entsprechend dieser bedeutenden Längsstreckung der Seitenaxen ist auch die übrige äussere wie innere Ausbildung eine bei weitem vorgeschrittenere als die der betreffenden Hauptaxe. Der Querschnitt der Axe zeigt bereits vollendete Ausbildung der Harzgänge in der Rinde und den Blättern. Während an der Epidermis der Internodien der Hauptaxe erst papillenartige Emergenzen beobachtet werden konnten, sind diese hier bereits zu 3—4 zelligen Haaren ausgewachsen, welche die freie Oberfläche der Axe als feiner Filz bedecken.

Ebensolche Papillen und Haare zeigen sich in reicher Zahl an denjenigen oberen Blattanlagen, welche zu Knospenschuppen werden, wohl um diese, so lange sie sich noch im zartesten Zustande befinden, in ihrer Function als Schutzmittel des Vegetationspunktes zu unterstützen.

In den Achseln einiger Blätter treten auch die Anlagen der künftigen Kurztriebe, welche schon während der Ruheperiode als allerdings sehr unbedeutende Protuberanzen sichtbar waren, gleich den Anlagen der Langtriebknospen deutlicher hervor. Ihre Vegetationspunkte sind noch in Form und Grösse den letzteren (Langtriebknospen II. Ordnung) gleich.

Dort, wo das Mark sich gegen die terminale Vegetationskuppe zu verjüngen beginnt, heben sich die oben erw ähnten Gruppen dickwandiger Zellen des Grundgewebes deutlich von dem übrigen Markgewebe ab. Im tieferen Verlaufe des Markes sind derartige Verdickungen vorläufig noch kaum erkennbar.

Stärke ist in allen Theilen der Axe und Blattanlagen mit Ausnahme der aus typisch-embryonalem Gewebe bestehenden Kuppe und obersten seitlichen Ausstülpungen in reichlichster Menge vorhanden. Die Untersuchung von Querschnitten zur Ermittelung des Stärkegehaltes der Rinde ergab, dass besondere Gewebepartieen nicht bevorzugt waren; doch will ich nicht unterlassen anzuführen, dass in dem zwischen den einzelnen Strängen gelegenen, also dem interfascicularen Gewebe, in welchem zu dieser Zeit von einer cambialen Bildung natürlich noch keine Rede sein kann, ebenfalls reichlich Stärke enthalten war.

Die Gerbstoffschläuche haben sich weiter gestreckt und sind dicht mit Inhalt angefüllt. Der in ihnen angesammelte Gerbstoff ist von körniger Beschaffenheit, eisenbläuend, speichert, wie oben erwähnt, Methylenblau in reichlicher Menge und gibt mit Kaliumbichromat die bekannte Reaction. Zur vergleichenden Untersuchung des Gerbstoffgehaltes der Schläuche während der Streckung des Vegetationskegels lässt sich die von Kutscher[1]) empfohlene Farbenabschätzungsmethode des mit Kaliumbichromat erzeugten Gerbstoffniederschlages vortheilhaft verwerthen und die von mir mit Kaliumbichromat unternommenen Versuche ergaben die Unhaltbarkeit der kürzlich von E. Crato[2]), übrigens ohne weitere Begründung aufgestellten Behauptung, dass dieses Reagens „für den chemischen Nachweis von Gerbstoff völlig unbrauchbar“ sei. Derartige widersprechende Sätze werden nicht eher aus der Pflanzenphysiologie verschwinden, bis man die Bezeichnung „Der Gerbstoff“ für eine ganze Klasse chemisch und wahrscheinlich auch physiologisch heterogener Körper als unpassend abgeschafft hat.

---

1) Kutscher, Ueber die Verwendung der Gerbsäure im Stoffwechsel der Pflanze (Flora 1883).
2) Crato, E., Die Physode, ein Organ des Zellenleibes (Ber. d. Deutsch. bot. Ges. Bd. X, 1892) p. 295.

14. Mai.

Zeitintervall: 5 Tage.

Während die jugendliche Axe durch intensives Längenwachsthum von nun an in kurzer Zeit fast ihre definitive Länge erreicht, geht die weitere Ausbildung des neuen Knospensystems und die Anlage neuer Organe sehr langsam vor sich.

Vorläufig werden in erster Linie Knospenschuppen gebildet, um die zarten Theile des Stammscheitels baldmöglichst mit einer schützenden Hülle zu umgeben. Das vorliegende Entwickelungsstadium der Sprossspitze von Abies alba ist von L. Koch in seiner wiederholt citirten Arbeit vornehmlich berücksichtigt worden, da sein Untersuchungsmaterial gegen Mitte Mai gesammelt wurde.

Wie bereits oben erwähnt, konnte Koch zu dieser Zeit bei Abies, wie bei sämmtlichen von ihm untersuchten Gymnospermen eine echte Scheitelzelle nicht finden, sondern seine Untersuchungen ergaben, dass das Scheitelwachsthum durch mehrere, den Scheitel des Vegetationspunktes bildende „Kammern" vermittelt wird. Bei unserer Species fanden sich vier derartiger Kammern.

Das unter dem Scheitel liegende, die Gesammtmasse der Vegetationskuppe bildende Gewebe theilte Koch „zur Erleichterung der Uebersicht der sich abspielenden Wachsthumsvorgänge" in verschiedene Querzonen ein, deren einzelne Zellen er in Lage und Form, Beziehungen zu einander und dem Gesammtwachsthum eingehend beschrieb.[1]

Zwischen dem Gewebe der Vegetationskuppe und dem axilen Markcylinder liegt ein Gewebecomplex, dessen Zellen ausgesprochen tafelförmige Gestalt besitzen und welcher die Markanlage der neuen Terminalknospe repräsentirt; hier ist gegen früher eine Zunahme an Grundgewebe zu constatiren, dessen Zellen in regelmässigen longitudinalen Reihen angeordnet sind. Koch hat die histologisch-differente Zusammensetzung des Markkörpers im Vegetationskegel von Abies zwar verschiedentlich angedeutet,[2] diesen Verhältnissen jedoch keine eingehendere Beachtung geschenkt. Jedenfalls stimmen meine Resultate mit denen Koch's darin überein, dass sich die embryonalen Zellreihen in der Markanlage am Dickenwachsthum betheiligen, indem sie neben Querwänden auch Längswände bilden und dadurch den Durchmesser des Markcylinders vergrössern; die Zellen des Grundgewebes bilden dagegen ausschliesslich Querwände.

1) p. 599—607.
2) p. 599 u. 600.

Damit lässt sich, wie mir scheint, auch der Umstand zur Genüge erklären, dass die Quantität embryonaler Elemente im Markkörper der Vegetationskegel von Abies sich jeweils richtet nach der Massigkeit der aus letzterem entstehenden Axe. Bei der Stammendknospe, deren Vegetationskegel eine unvergleichlich kräftigere Axe gegenüber den Seitenknospenkegeln zu erzeugen hat, ist daher auch der Gehalt des Pleroms an embryonalen Zellen ein weitaus grösserer, als bei letzteren. Der Markkörper des jungen Sprosses verbreitert sich wesentlich unterhalb der Knospenanlage.[1]) Seine Zellen und zwar beiderlei Gewebeelemente, welche in diesem Stadium durch verschieden grosse Lumina und Dicke der Wandungen noch wohl unterscheidbar sind, zeigen lebhafte Theilungen. Die Zahl der oben erwähnten Gruppen dickwandiger Zellen im Marke, welche vollständig sklerotischen Charakter angenommen haben, ist beträchtlich vermehrt worden. Bei einigen schmächtigen Axen durchsetzen solche Aggregate sklerotischer Elemente den Markkörper in seiner ganzen Breite, so dass sie denselben quergestreift erscheinen lassen (Fig. 7 ss). Eine mechanische Bedeutung für die Pflanze dürfte diesen Zellgruppen kaum zukommen. In den Strängen der Axe sind bereits Faserzellen, sowie ring- und spiralförmig verdickte Gefässe ausgebildet.

Die Seitenknospenanlagen weisen, da sie sich langsamer entwickeln, keine wesentlichen Unterschiede gegen früher auf. Ebenso ergab die Untersuchung der aus den Quirlknospen des Hauptsystems entstandenen Axen und der die letzteren beschliessenden Knospensysteme II. Ordnung keinerlei bemerkenswerthe Resultate, so dass von einer Besprechung derselben abgesehen werden kann.

Stärke: Das Maximum des Stärkegehaltes erreicht die Sprossspitze von Abies alba in derjenigen Entwickelungsphase, in welcher die Knospen aufbrechen, also 1891 um den 9. Mai. Fünf Tage später, am 14. Mai, nimmt der Stärkegehalt im oberen Theile des Markcylinders bereits ab. Nach wie vor stärkereich ist das Rindengewebe der Axe.

Auch die Gerbstoffschläuche waren zur Zeit des Aufbrechens der Knospen am inhaltsreichsten gewesen; nunmehr sind die Schläuche zum grössten Theile völlig entleert und nur ihre Membranen geben noch mit den betreffenden Reagentien deutliche Reactionen.

---

1) Koch, Taf. XVIII, Fig. 6.

23. Mai.

Zeitintervall: 9 Tage.

In der Markanlage der künftigen Knospe nimmt die Differenzirung der longitudinalen Zellreihen zu; im Mark des Sprosses zeigen die Zellen erhebliche Streckung in die Länge, dagegen scheint die Ausdehnung des Markcylinders in die Dicke nicht gesteigert zu sein. Die Wandungen der sklerotischen Zellen beginnen zu verholzen; der Inhalt dieser Zellen gibt starke Gerbstoffreaction.

Das parenchymatische Rindengewebe am Gipfel des Sprosses hat massigere Dimensionen angenommen und ist durch ausgedehnte Bildung von Intercellularräumen wesentlich gelockert worden; es entsteht so die oben erwähnte Wucherung zum Schutze der Knospen des Gipfelsystems. Zahlreiche Schleimzellen mit Inhalt finden sich in dieser Bildung, wie auch im unteren Verlauf der Rinde.

Stärkegehalt: unverändert.

Die Gerbstoffschläuche sind vollkommen leer; im angrenzenden Gewebe war während ihrer Entleerung keine Spur von Gerbstoff nachweisbar.

1. Juni.

Zeitintervall: 9 Tage.

Sowohl die äussere Form, wie die innere Ausbildung der Vegetationspunkte zeigt keine nennenswerthen Veränderungen. Die Verholzung der Wandungen der sklerotischen Zellen im Marke der Axe hat zugenommen. Ebenso die Längsstreckung der übrigen Markzellen, während die Ausdehnung des Markkörpers in die Dicke inzwischen nur eine unbedeutende gewesen ist.

Es bilden sich immer mehr Laubblattanlagen zu Schuppenblättern um, während die früheren Schuppen sich zu bräunen beginnen.

Die Gewebewucherung am Sprossende nimmt an Ausdehnung zu.

Stärkegehalt: unverändert.

17. Juni.

Zeitintervall: 16 Tage.

Wie die Organe im Ganzen an Massigkeit zunehmen, so auch die Kegel der einzelnen Knospen. Besonders ist der Terminalkegel erheblich breiter geworden und zugleich zeigt die Vegetationskuppe eine flachere Wölbung, als in den zuletzt besprochenen Entwickelungsphasen. Wie bekannt, steht die Form der Vegetationskuppe in Zusammenhang mit dem Grade der Intensität des Längenwachsthums.[1]

---

1) Müller, N. J. C., Handbuch der Botanik II, p. 364.

So sagt Strasburger,[1]) dass die sich je nach der Lebhaftigkeit des Wachsthums ändernde Form der Vegetationskegel eine den Abietineen gemeinsame Erscheinung sei. Natürlich sind diejenigen Formverschiedenheiten, welche die Kegel der Knospen verschiedener Sprossarten bei Abies schon während der Winterruhe zeigen, auf andere Ursachen zurückzuführen. Ich werde darauf später noch zu sprechen kommen.

In den Kegeln der künftigen Quirlknospen zeigt die Markanlage schon deutliches Vorherrschen von Grundgewebe, während im Kegel der Endknospe das embryonale Element die Hauptmasse des Markes ausmacht.

Das vorliegende Entwickelungsstadium des Kegels ist besonders geeignet, um die Entstehungsweise der Gefässbündel zu beobachten. Uebereinstimmend mit L. Koch[2]) fand ich, dass die Gefässbündel, unabhängig vom Mark des Kegels, aus dem typisch-embryonalen Gewebe der Kuppe ihren Ursprung nehmen. Die Ansicht Han-stein's, wonach das Gefässbündel aus dem Plerom entsteht, ist demnach hier ungültig und bereits von Koch zurückgewiesen worden. Bei anderen Gymnospermen fand Koch ebenfalls die gleiche Entstehungsweise aus der embryonalen Hüllschicht des Vegetationspunktes, dem Hanstein'schen Periblem.

Es zeigt sich die erste Differenzirung der Procambialstränge in Gestalt von 4—5 Längsreihen eng aneinander schliessender, sowohl längs wie quer genau parallel gelagerter länglicher Zellen, deren ebenfalls längliche Kerne auch mehr oder weniger parallel angeordnet liegen. Die Färbung mittels Hämatoxylin oder Safranin lässt die ersten Anlagen der Procambialstränge leicht erkennen. In den Bündeln der Axe sind jetzt auch behöft-getüpfelte Tracheïden gebildet; die Markzellen haben sich erheblich in die Länge gestreckt (Fig. 7).

Stärke-Gehalt: unverändert.

10. Juli.

Zeitintervall: 23 Tage.

Während gegen Mitte Juni die Anlagen der Knospen des termi-nalen Systems bei äusserer Betrachtung noch als eine gemeinsame, den Spross beschliessende knopfartige Anschwellung erschienen, aus welcher die einzelnen Glieder nur als kurze gedrungene Höcker über

---

1) Die Coniferen u. Gnetaceen p. 32 f.
2) p. 608.

die Rindenwucherung hervorragten, hat sich inzwischen das System soweit individualisirt, dass die Endknospe und der sie umgebende Scheinquirl der Seitenknospen jetzt scharf hervortreten. Dagegen lassen sich seit dem Termin der letzten Untersuchung im inneren Bau nicht so auffällige Veränderungen wahrnehmen. Allerdings ist die Vegetationskuppe durch fortgesetzte Quertheilungen im Mark des Kegels bedeutend hinausgeschoben und die Form des Axenendes eine schlankere geworden. Demgemäss gewährt auch der Längsschnitt jetzt ein gänzlich verändertes Bild.

Die Markzellen der Axe haben ihre Wandungen verdickt und vielfach Tüpfel gebildet; im oberen Theile des Markes sind weite luftführende Intercellularräume entstanden, deren Vorhandensein für diese Zone des Markcylinders charakteristisch ist.

Die Bildung der Schuppenblätter scheint beendigt. Dagegen beginnt an der Basis der jetzt wieder steiler gewölbten Kuppe die Bildung der Laubblattanlagen für die Winterknospe.

Die Vegetationskegel der Quirlknospen zeigen die früher erwähnten Eigenthümlichkeiten in Form und Bau: schlankere Gestalt und Vorherrschen von Grundgewebe im Mark.

In den Gefässbündeln der Axe beginnen die Wandungen verschiedener Elemente zu verholzen.

Stärkegehalt: unverändert.

27. Juli.

Zeitintervall: 17 Tage.

Die Kegel beider Knospenformen sind in die Länge und Dicke gewachsen; die Anlage der Laubblätter nimmt in akropetaler Folge zu, wodurch das Bild sich dem des winterlichen Ruhezustandes nähert.

Im Mark des Kegels geben die Zellen beider Gewebearten ihre bis dahin tafelförmige Gestalt in der Richtung von oben nach unten allmählich auf und nehmen eine mehr rundliche Form an, während in der basalen Zone die Zellen noch tafelförmig gestreckt bleiben und nur ihre Ecken abgerundet haben.

Die Vertheilung von Grundgewebe und embryonalen Elementen im Mark des Terminalkegels entspricht jetzt den bei Besprechung der Ruheperiode geschilderten Verhältnissen.

Der Stärkegehalt vertheilt sich folgendermaassen: das typisch-embryonale Gewebe der Vegetationskuppe und der soeben gebildeten Blattanlagen ist, wie immer, stärkefrei. Im Mark des Kegels, und zwar in den embryonalen Zellen, finden sich kleine Körner in un-

erheblicher Menge, vermuthlich a u t o c h t h o n e Stärke, welche von
dem in denselben Zellen enthaltenen Chlorophyll gebildet worden ist.
Dann folgt eine fast stärkefreie Zone, dieselbe, welche oben wegen
der tafelförmig-gestreckten Form ihrer Zellen hervorgehoben wurde.
Im Marke des Sprosses hat der Stärkegehalt oben abgenommen;
gleichmässig reich an Stärke ist das parenchymatische Rindengewebe
geblieben.

1. September.
Zeitintervall: 5 Wochen.

Dieselbe Gewebezone, welche sich Ende Juli durch die tafelförmig-
gestreckte Form ihrer Zellen und die Abwesenheit von Stärke ge-
kennzeichnet hatte, ist inzwischen zur Knospenscheide geworden: oberhalb derselben der Vegetationskegel mit seinen Blattanlagen, unterhalb,
sich scharf abhebend, das Mark des Sprosses. So erscheint die Knospe
jetzt als ein vom Stamm getrenntes, gewissermaassen für sich abge-
schlossenes Glied, welches den Keim zur nächstjährigen Axe in sich birgt.

Vorderhand ist die Vegetationskuppe noch mit der Herstellung
neuer Blattanlagen beschäftigt; die Zahl der vom Medianschnitt durchschnittenen schon gebildeten Blätter schwankt bei der Endknospe
zwischen 6 und 8. (In der Winterruhe 10—12).
Länge des Kegels: 1,47 mm; Breite an der Basis: 1,78 mm
(1,93 : 2,06 mm in der Winterruhe).

Bei den Q u i r l k n o s p e n ist die Ausbildung des Vegetationskegels weiter vorgeschritten: Die Zahl der vom medianen Längsschnitt
getroffenen Blattanlagen beträgt: 9—13 (gegen 15—22, durchschnittlich 18, in der Winterruhe), der Kegel besitzt eine Länge von
2,17 mm und eine Breite von 1,5 mm (2,85 : 1,54 mm in der
Winterruhe).

Aus diesen Werthen geht hervor, dass die Endknospe bis zum
Beginn ihrer Ruheperiode noch eine nicht unwesentliche Zunahme
an Länge und Dicke zu erfahren hat, während der Kegel der Quirlknospen schon seine definitive Breite erreicht, aber noch in die Länge
wachsen muss; ausserdem hat er die Anlage der noch fehlenden
Blätter zu bewerkstelligen. Die Differenzirung der Procambialstränge
aus der peripheren Hüllschicht schreitet mit der Längsstreckung des
Kegels und der Anlage der Blätter nach der Spitze hin fort. Ausserhalb der Procambialstränge sind im peripheren Gewebe diejenigen
weitlumigen derbwandigen Zellen sichtbar, welche später zu Gerbstoffschläuchen werden.

Stärke: Im Mark des Kegels, vornehmlich in den embryonalen
Zellen, ist eine Zunahme an kleinen Körnern unverkennbar; ebenso
zeigen sich jetzt in der peripherischen Rindenschicht, mit Ausnahme
der oberen Particeen, und in den unteren Blattanlagen vereinzelte
Körner. Daraus erhellt, dass die genannten Gewebeparticeen aus
dem „typisch-embryonalen" in ein weiteres Stadium übergegangen
sind, welches dem der embryonalen Markzellen gleich sein dürfte.
Im „typisch-embryonalen" Gewebe konnte niemals Stärke beobachtet
werden.

5. Oktober.

Zeitintervall: 5 Wochen.

Die Bildung von Blättern am Kegel der Endknospe scheint
auch jetzt noch nicht beendigt zu sein, soweit sich in vielen Fällen
aus der Form der Kuppe, im Uebrigen aus der Zahl der auf dem
medianen Längsschnitt sichtbaren Blattanlagen, welche 10 niemals
übersteigt, ersehen lässt.

Länge und Breite des Kegels nähern sich den zur Zeit der
Winterperiode gefundenen Werthen; die Länge beträgt 1,78 mm,
die Breite 1,98 mm.

Es ist also die Endknospe hinsichtlich ihrer inneren Ausbildung
immer noch ein wenig im Rückstande geblieben. Dagegen haben
die Quirlknospen, mit vereinzelten Ausnahmen, den Cyklus ihres
Entwickelungsganges vollendet. Nur die jugendlichen Blattanlagen
selbst haben ihre „Winterform" noch nicht ganz erreicht, sondern sind
noch in Streckung begriffen.

Stärkegehalt: unverändert.

29. November: Die Untersuchungsresultate stimmen in allen
Punkten mit denen vom Januar überein.

Der Stärkegehalt ist zwar inzwischen ein erheblich geringerer
geworden, doch findet sich im Plerom mehr Stärke als im Januar;
aus der peripheren Rindenschicht und den Blattanlagen ist die Stärke
gänzlich geschwunden.

———

Ehe ich die Resultate der im Vorhergehenden gegebenen Unter-
suchungsprotokolle zusammenfasse, seien noch die Vegetationskegel
anderer als die bisher untersuchten Spross- und Knospenformen der
Weisstanne einer Betrachtung unterzogen. Auch wird das Alter der

Mutterpflanzen und die Stellung des Sprosses, resp. der Knospe am Baume, besonders berücksichtigt werden müssen, da sich die oben geschilderten Verhältnisse auf eine ganz bestimmte Altersstufe bezogen.

Die Kegel normaler Langtriebknospen von Sprossen verschiedener Ordnung verhalten sich bezüglich ihrer Form ähnlich oder gleich den Kegeln der Quirlknospen des Hauptsystems. Sie stellen steile und schlanke Kegel dar, deren Massigkeit je nach dem Alter des Baumes und der Ausbildung und Sprossfolge des Sprosses wechselt, dem die betreffende Knospe ihren Ursprung verdankt. Ebenso verhält es sich mit der Zahl der Nadeln.

Der Kegel der Endknospe eines Systems zeichnet sich gewöhnlich durch grössere Ausdehnung in Länge und Breite vor den Kegeln des — meist zweigliedrigen — Quirls von Seitenknospen aus.

Wie die äussere Form, so stimmt auch die innere Ausbildung der Kegel mit der der Quirlknospen des Hauptsprosssystems überein. Je breiter der Markcylinder angelegt ist, desto zahlreicher sind in ihm die embryonalen Zellen vertreten; in dem Markgewebe schlanker Kegel von Knospen sehr schmächtiger Axen wird das embryonale Element auf ein Minimum reducirt: eine einzige Zellreihe, aus 5—6 Zellen bestehend, durchzieht dann das Grundgewebe in longitudinaler Richtung, oder es liegen wenige embryonale Zellen, je zwei bis drei bei einander, im Grundgewebe zerstreut.

Stärke und Gerbstoffe vertheilen sich, wie oben bei Besprechung des Hauptknospensystems erörtert worden ist.

Auch die verschiedenen Entwickelungsphasen, welche die Knospen und Kegel während der Vegetationsperiode durchzumachen haben, bieten keine bemerkenswerthen Abweichungen von den bei der Untersuchung des Hauptknospensystems gefundenen Verhältnissen dar.

An dem von alten Bäumen entnommenen Wintermaterial liessen sich hinsichtlich der Ausbildung der Knospen und Vegetationskegel ins Auge fallende Unterschiede konstatiren, je nachdem das Material der unteren Sprossregion oder dem Gipfel des Baumes entstammte.

In der unteren oder untersten Region alter Bäume, welche häufig dem directen Sonnenlicht nur spärlich ausgesetzt ist, sind Sprosse sowohl wie Nadeln schmächtig entwickelt und die Verzweigung hat an Regelmässigkeit bedeutend eingebüsst. Zahlreich sind die aus Kurztriebknospen hervorgegangenen dünnen Zweige, die an ihrer Spitze nur einen oder zwei ebenfalls schmächtige Knospen tragen. Die Untersuchung der Vegetationskegel solcher Knospen während der Ruhezeit ergab, dass die Blattanlagen durchweg zwar schmäler, dafür aber erheblich länger ausgebildet waren, als bei normal angelegten und bezüglich der Besonnung günstiger gestellten Langtriebknospen jüngerer Bäume. Der Scheitel der Vegetationskuppe wurde von den obersten Blattanlagen bedeutend überragt.

Im schmalen Pleromcylinder tritt embryonales Gewebe gänzlich zurück. Wesentlich anders liegen die Verhältnisse bei solchen Knospen, welche dem Gipfel alter, am selben Termin (19. Nov.) gefällter Bäume entnommen waren.

Wie bereits in der Einleitung erwähnt wurde, nehmen die Seitenaxen hier statt der annähernd horizontalen Wachsthumsrichtung, welche im Uebrigen für sie charakteristisch ist, eine mehr aufgerichtete Stellung an. Die kurzen, aber kräftigen Axen sind dicht mit Nadeln besetzt, welche ebenfalls kürzere und gedrungenere Gestalt besitzen, als die Blätter tiefer inserirter Sprosse und jüngerer Individuen. Am Sprossscheitel finden sich neben der Endknospe zwei kräftig entwickelte Seitenknospen. Während die Kegel der letzteren keine Besonderheiten in ihrer Gestaltung aufweisen, ist der Kegel der Sprossendknospe massiger angelegt und kürzer geformt, als es sonst bei Langtriebknospen der Fall ist. Im Plerom kommt das embryonale Element mehr zur Geltung und die breite, flach gewölbte Kuppe erinnert an die bei der Stammendknospe jüngerer Bäume gemachten Beobachtungen. Die verhältnissmässig zahlreichen Blattanlagen sind vollständig normal entwickelt und die oberst inserirten von ihnen ragen gar nicht oder nur wenig über den Scheitel der Kuppe hinaus.

Viel auffälliger als an den soeben behandelten Objekten tritt aber die Abhängigkeit der Form des Vegetationskegels von der Wachsthumsrichtung der Mutteraxe bei der Endknospe solcher Seitensprosse zu Tage, welche sich aufgerichtet haben um den Hauptspross zu ersetzen. Ehe ich jedoch auf die Beschreibung der an den Vegetationskegeln solcher Knospen auftretenden Eigenthümlichkeiten eingehe, sei hier eine beiläufige Bemerkung eingeschaltet.

Sachs[1]) bespricht die oben angedeutete Correlation zwischen dem Gipfeltrieb und den Seitensprossen, wie sie sich bei der Rothtanne zeigt, und führt dann fort: „Viel weniger plastisch ist in

---

1) Vorlesungen, II. Auflage, p. 510.

dieser Beziehung die Edeltanne (Abies pectinata) und wohl auch manche der nächstverwandten Arten. Ich habe an jungen Bäumen dieser Species vielfach den Gipfelspross entfernt, aber nur selten erhob sich nach zwei bis drei Jahren einer der obersten Seitensprosse, um sich zu einem neuen Gipfel auszubilden. Der gewöhnliche Fall ist bei der Edeltanne der, dass dicht unter der Stelle, wo man den Gipfelspross abgeschnitten hat, oder auch aus der Oberseite auf der Basis der nächsten Seitensprosse kleine, vorher unbemerkte, schlafende Augen auszutreiben beginnen, zuweilen erst ein bis zwei Jahre nach der Entgipfelung, von denen dann gewöhnlich eins stärker, als die anderen wächst und sich endlich nach Jahren zu einem neuen radiär gebauten Tannengipfel umgestaltet."

Mit den von Sachs gemachten Beobachtungen stimmen die meinigen nicht überein. Bei nicht wenigen der von mir im Winter 1890/91 des Gipfelknospensystems beraubten 1½—2 m hohen Weisstannen konnte ich bereits nach Jahresfrist feststellen, dass einer oder mehrere der zu oberst inserirten Langtriebe erster Ordnung sich emporzurichten begonnen hatte, um den Hauptspross zu ersetzen. War die eingeschlagene Richtung auch noch nicht diejenige der entfernten Mutteraxe, so konnte man doch die Neigung zum Aufrichten in solchen Fällen jedenfalls erkennen. Ein zahlreiches Austreiben von schlafenden Augen oder Kurztriebknospen, wie ich es übrigens an der Rothtanne nach erfolgter Entgipfelung öfters beobachtet habe, fand dagegen bis jetzt, also nach zwei Vegetationsperioden, nur selten statt, wenngleich — wie unten gezeigt werden soll — sich an den in der vorhergehenden wie der folgenden Verjüngungsperiode am Hauptspross gebildeten Kurztriebknospen äusserliche und innerliche Veränderungen geltend machten, welche erkennen liessen, dass die Kurztriebknospen bereit sind, in Action zu treten, wenn es im Interesse des Ganzen nothwendig werden sollte. Thatsächlich findet ihre Betheiligung an der Compensation des Sprossverlustes in der von Sachs beschriebenen Weise aber nur dann statt, wenn aus Gründen, die sich der Untersuchung entziehen, kein Langtrieb erster Ordnung sich aufzurichten beginnt. Von dem am Scheitel eines aufgerichteten Seitensprosses nach dem Aufrichten gebildeten Knospensystem war natürlich nur die Untersuchung der Endknospen für unsere Beobachtungen von Interesse.

Ich untersuchte die Vegetationskegel von zehn solcher Knospen, welche am 7. October geschnitten waren. Zwei davon zeigten in ihrer Form gewissermaassen einen Uebergang zwischen den Typen der Kegel von Seitenknospen und Stammendknospe, wie dieselben oben eingehend erläutert worden sind; die übrigen acht entsprachen in Form und Bau vollständig dem Typus terminaler Kegel — mit Ausnahme ihrer Vegetationskuppe, in deren eigenartiger pyramidaler Form sich das Streben in die Höhe deutlich auszudrücken schien (Fig. 5). Derartig steil zugespitzte Kuppen, wie sie sieben der geschnittenen Objekte übereinstimmend aufwiesen, habe ich zu keiner Zeit — auch nicht während des Stadiums der intensivsten Längsstreckung — an anderen Vegetationskegeln beobachten können.

In mancher Beziehung interessante Ergebnisse lieferte auch die Untersuchung der Knospen des Gipfelsystems einer ca. 35 jährigen Weisstanne, welche Ende März dieses Jahres gefällt worden war. Der auffallend schön gewachsene Stamm zeichnete sich durch besondere Regelmässigkeit in der Verzweigung und Sprossbildung aus. Die Endknospe des Stammes war vor Beginn der letzten Vegetationsperiode abgestorben und zwei der im vorigen Jahre aus den zugehörigen Quirlknospen gebildeten vier Seitensprosse erster Ordnung hatten sich kerzengrade aufgerichtet, während die beiden anderen normal, d. h. in beinahe horizontaler Richtung ausgewachsen waren.

Die Vegetationskegel der Endknospen der aufgerichteten Sprosse zeigten in jeder Beziehung den Typus terminaler Hauptsprosskegel, waren jedoch verschieden gross; der eine, dessen Mutteraxe vermuthlich bestimmt war, später als Fortsetzung der Hauptaxe zu fungiren, war 2,92 mm lang und 3,23 mm breit, also bedeutend grösser, als sämmtliche von mir untersuchte Kegel jüngerer Bäume, der andere war nur 2 mm lang und ungefähr ebenso breit. Die Endknospen der beiden anderen Seitensprosse erster Ordnung besassen bedeutend schlankere Vegetationskegel von 3,7 mm Länge und 2,5 resp. 2,4 mm Breite, also dem Seitenknospentypus genau entsprechend und fast gleich gross. Ebenso differirten die Kegel aus den Sprossendknospen der sechs Seitentriebe zweiter Ordnung desselben Gipfels untereinander nur unbedeutend in ihrer Grösse; sie waren durchschnittlich 3,5 mm lang, aber nur 1,9 mm breit, also wiederum erheblich schmäler, als die Kegel der entsprechenden Knospen erster Ordnung. Demgemäss nimmt auch der Gehalt des Markcylinders an embryonalen Zellen ab; obenan stehen die Kegel der aufgerichteten Sprosse, dessen Markkörper zum weitaus grössten Theile aus embryonalem Gewebe besteht, das von einzellbreiten Reihen von Grundgewebe — hier ist letztere Bezeichnung kaum zutreffend — in longitudinaler Richtung durchsetzt ist.

Ebenso verschieden wie die Langtriebknospen an den aufrechten und den horizontal wachsenden dieses Systems, waren auch die

Kurztriebknospen ausgebildet. Die an den aufgerichteten Sprossen
vorhandenen Kurztriebknospen (Brachyblasten) zeichneten sich schon
äusserlich dadurch aus, dass sie an ihrer Basis von einem Kranz von
4—10 kleinen, gelbgrünen, verkümmerten Nadeln umgeben waren.
Es ist dies übrigens in der Gipfelregion der Hauptaxe kräftig ge-
wachsener und günstig stehender Stämme eine häufige Erscheinung,
welche an der Endknospe des Hauptstammes sogar regelmässig auftritt; bei Kurztriebknospen findet sich der Nadelkranz namentlich dort,
wo die ersteren der Mehrzahl nach massig und stark angelegt sind.
An kleineren, 8—12 jährigen Pflanzen wird der Nadelkranz mitunter
gebildet, wenn die Stammendknospe zerstört ist und die Kurztriebknospen eventuel später zum Austreiben gezwungen sind.

Von achtzehn untersuchten Brachyblasten der beiden aufgerichteten
Axen des in Frage stehenden Systems enthielten nur zwei völlig un-
entwickelte Kegel mit wenigen oder keinen Blattanlagen, die übrigen
sechszehn Kegel waren in jeder Beziehung nach dem Langtriebtypus
ausgebildet und zeigten deutliche Streckungserscheinungen. Dagegen
boten die an den horizontal wachsenden Seitensprossen vorhandenen
Kurztriebknospen hinsichtlich ihrer Vegetationspunkte zum grössten
Theile das Bild desjenigen Entwickelungsstadiums dar, welches die
Untersuchung von Kurztriebanlagen gegen Mitte Juni vorigen Jahres
geliefert hatte. Weder Blattanlagen noch Knospenscheide sind gebildet worden und das Mark der Vegetationskuppe — von „Kegel"
in dem bisher gebrauchten Sinne kann man nicht reden — geht direct
in das des kurzen Triebes über.

Wie bereits in der Einleitung erwähnt wurde, wächst unter
normalen Verhältnissen nur ein Theil der in einem Jahre angelegten
Kurztriebknospen in der nächsten Vegetationsperiode zu Trieben aus,
die übrigen werden später vom Rindengewebe der Mutteraxe über-
wuchert und gehen in den Ruhezustand über. Keineswegs erfolgt
aber die Ausbildung der Kurztriebe regellos, sondern stets in bestimmten Abständen und die Längen der einzelnen Kurztriebe eines
und desselben Sprosssystems oder besser innerhalb einer jährlichen
Zuwachszone nehmen in der oben geschilderten, für Abies charakteristischen Weise von oben nach unten ab.

Bereits im Juli lässt sich aus der Gestaltung der in der laufenden
Vegetationsperiode an einer Axe gebildeten Kurztriebanlagen ersehen,
welche von ihnen sich zum Austreiben im nächsten Frühjahr vor-
bereiten und welche sich vorläufig nicht weiter entwickeln, sondern
zu Ruheknospen werden (Fig. 4).

Die Untersuchung im Herbst lehrt, dass die zum Austreiben bestimmten Kurztriebknospen Vegetationskegel bergen, welche sich in keiner Weise vom Langtriebtypus unterscheiden; natürlich ist die Zahl der vom medianen Längsschnitt getroffenen Nadeln verhältnissmässig geringer, als am Kegel der Langtriebknospen und wechselt ebenso, wie Länge und Breite des Kegels mit der Stärke und Stellung der Mutteraxe und der von der letzteren hervorgebrachten normalen Langtriebe. Denn die Ausdehnung des sich aus der Kurztriebknospe entwickelnden Sprosses steht in ganz bestimmter Beziehung zur Ausdehnung der aus derselben Mutteraxe entspringenden Langtriebe.

Unter normalen Standorts- und Besonnungsverhältnissen schwankt die Zahl der austreibenden Kurztriebe und die Abstufung in der Längenausdehnung der letzteren an einem und demselben Sprosssystem bei verschiedenen Individuen nur innerhalb enger Grenzen; stark beschattete Exemplare, welche sich überhaupt unvollkommener entwickeln, zeigen weniger ausgetriebene Brachyblasten — vornehmlich in der Gipfelregion der Hauptaxe — als der Sonne exponirte Stämme.

Mit der von A r e s c h o u g [1]) geäusserten Ansicht, dass die Kurztriebe als verkümmerte Langtriebe aufzufassen seien, welche infolge geringeren Vorhandenseins von Nahrung nicht gleiche Grösse mit der letzteren erreichen könnten, vermag ich mich nicht zu befreunden, sondern möchte mich, wenigstens, was die Anwendung dieses Satzes auf A b i e s anbetrifft, eher dagegen erklären. Vielleicht gibt die Stärkevertheilung resp. das Vorhandensein von Stärke zu Beginn der Streckungsperiode für die Beurtheilung dieser Frage einen Anhaltspunkt. So führte z. B. in dem oben vielfach besprochenen Gipfel eines 35 jährigen Baumes das Mark des kurzen Triebstückes, welches vom Gefässbündeleylinder der Mutteraxe bis zur Basis des Vegetationskegels der vorjährigen Kurztriebknospe reicht, bei den zum Austreiben gerüsteten Brachyblasten gegen Ende März sehr wenig Stärke, bei den im Ruhezustand bleibenden war es dicht mit Stärke angefüllt; auch in dem die Knospenbasis rings umgebenden Rindengewebe zeigte sich hier mehr Stärke als bei ersterem. Es war also Nahrung vorhanden, aber nicht verwerthet worden.[2]) Natürlich kommt der nach der

---

1) Beiträge zur Biologie der Holzgewächse, Lund 1877.

2) Meine Annahme, dass die Wachsthumshemmungen der Kurztriebanlagen und die schwächere Ausbildung der Kurztriebe nicht auf Nahrungsmangel zurückzuführen sei, finde ich in einer Bemerkung A. F i s c h e r's (Beiträge zur Physiologie der Holzgewächse p. 105) bestätigt, worin dieser Autor übereinstimmend mit R.

Entfernung irgend eines Triebes resp. einer Knospe im Herbst oder
Winter bei Beginn der Reservestoffwanderung im Frühjahr entstehende
Ueberschuss an Baumaterial den übrigen in derselben Region befindlichen Trieben und Knospen zu Gute und befähigt die zur Ergänzung
des Verlustes in Action tretenden Organe niederer Ordnung sich
kräftiger zu entwickeln, als es unter normalen Bedingungen möglich
gewesen wäre. Aus diesem Ueberschuss liesse sich vielleicht der
Stärkereichthum in den nicht austreibenden Kurztrieben erklären, wobei aber nicht vergessen werden darf, dass die hervorragend kräftige
Ausbildung der beiden aufgerichteten Seitenaxen bereits auf Kosten
der für die Entwickelung der zerstörten Stammendknospe bestimmten
Baustoffquantität vor sich gegangen ist. Dieses beiläufig.

Im Uebrigen glaube ich annehmen zu dürfen, dass sich die Kurztriebe nicht in der geschilderten Weise, d. h. in beschränkter Zahl
und verhältnissmässig schwächlicher Ausdehnung entwickeln würden,
wenn nicht dieser Modus für eine gedeihliche Existenz des Individuums vollkommen ausreichte; denn der Gesammthabitus einer Pflanze
ist doch nur der Ausdruck der für die betreffende Art zweckmässig-
sten Anpassung an die gegebenen Existenzbedingungen.

Die im Ruhestadium befindlichen Brachyblasten repräsentiren
jedenfalls ein Reservematerial zur Regeneration von Sprossen und
assimilatorischer Fläche, dessen Bedeutung für den Baum nicht zu
unterschätzen ist.

Die „schlafenden Augen" als solche sind von mir nicht
untersucht worden, wohl aber die erstjährigen kurzen Triebe, welche
gebildet werden, wenn die Knospen über die Oberfläche zumal älterer
Sprossaxen getreten sind. Beim Austreiben der schlafenden Augen
scheint das Längenwachsthum zunächst an der Peripherie des Stammes
zur Bildung einer regulären Knospe mit Schuppenblättern sistirt zu
werden. Es fand sich nämlich meist an dieser Stelle eine Knospenscheide vor, welche, wie früher gezeigt wurde, jeweils die Grenze eines
Jahrestriebes im Markkörper bezeichnet. In der nächsten Vegetationsperiode entwickelt sich die neue Knospe vielfach nur zu einem Triebe
von $\frac{1}{2}$—1 cm Länge, um dann erst im darauf folgenden Jahre einen
grösseren, sich weiter verzweigenden Spross zu erzeugen. Die Vegetationskegel bieten nichts bemerkenswerthes.

Hartig die Ansicht ausspricht, „dass nur ein vorhältnissmässig kleiner Theil der
im Baum aufgespeicherten Reservestoffe im Frühjahr wieder verbraucht wird; dass
aber die Hauptmasse derselben jahrelang liegen bleibt, um nur in Zeiten der Noth
verwendet zu werden."

Adventivbildungen lassen sich äusserlich oft nicht von derartig austreibenden Ruheknospen unterscheiden. Ihre anatomische Untersuchung zeigt jedoch am tieferen Verlauf der Triebe in der Rinde der Mutteraxe häufig Anfänge von Maserknollenbildung, welche bei jenen nicht wahrgenommen wurden.

Hie und da ragen aus der Rinde älterer Stämme zwei spitzwinklig stehende, mit einander verbundene kleine Knospen hervor, welche meistens Adventivbildungen darstellen.

Nachdem bisher nur die Verhältnisse der Vegetationskegel erwachsener Weisstannen zur Besprechung gelangt sind, erübrigt es noch, einen Blick auf den Knospeninhalt jugendlicher Pflänzchen unserer Species zu werfen.

Diesjährige Keimpflanzen vom 16. Juni. Von einer eigentlichen Knospe kann zu dieser Zeit kaum die Rede sein. Die Cotyledonen stecken mit den Spitzen noch im Endosperm des Samens und tragen die Samenschale mit sich. Inmitten der Anlage zum ersten Blattwirtel liegt der Vegetationskegel, dessen Kuppe stark gewölbt ist und über dem sich bereits die künftigen Knospenschuppen zusammenschliessen. Die Anlagen der ersten seitlichen Aussprossungen lassen sich als unbedeutende Protuberanzen an der Basis der Kuppe erkennen.

Das Grundgewebe des Markes ist in Gestalt von 2—4 (meisens 3) Längsreihen verhältnissmässig derbwandiger, rundlicher oder ovaler Zellen angelegt, welche sich scharf von dem sie umgebenden typisch-embryonalen Gewebe abheben. Nach unten zu schliesst sich fast unvermittelt das aus langgestreckten zartwandigen Zellen bestehende Mark des 3—4 cm langen Sprosses an.

Die Ausbildung der Gefässbündel im jugendlichen Keimspross ist so weit vorgeschritten, dass sich bereits Spiralgefässe deutlich erkennen lassen.

Der Embryo bildet im ersten Jahre in der Regel nur eine Knospe, welche umgeben wird von einem Wirtel von 4—6 (meist 5) wenig entwickelter Nadeln, welche Goebel[1]) an vielen anderen Pflanzen beobachtet und „Primärblätter" genannt hat. Diese Primärblätter sind bei weitem kleiner, als die im zweiten Jahre hervorgebrachten normalen Nadeln und meist heller gefärbt, als die letzteren. Hie und da fehlen sie ganz oder, was noch seltener, sie sind nur zu 1 oder 2 ausgebildet.

---

1) Vergleichende Entwickelungsgeschichte p. 260 ff.

Einjährige Pflanzen vom 27. Februar 1892.

Es ist ohne Ausnahme nur eine Knospe gebildet, welche einen schlanken Kegel mit steil gewölbter Kuppe birgt. Hier wie überhaupt bei jugendlichen Tannenpflänzchen im Alter bis zu drei Jahren findet sich die Erscheinung, dass sich das Mark des Kegels, das „Plerom", scharf gegen das embryonale Gewebe der Kuppe abhebt; es hat das seinen Grund in der homogenen Beschaffenheit des Markcylinders, welcher in den meisten Fällen keine embryonalen Elemente enthält, sondern ausschliesslich aus Grundgewebe besteht, dessen verhältnissmässig dickwandige und weitlumige Zellen auf den ersten Blick von dem angrenzenden embryonalen Gewebe unterscheidbar sind.

Ferner besitzen die Winterknospen der jungen Pflänzchen verhältnissmässig viel längere Blattanlagen, als diejenigen erwachsener Individuen. Im ersten Jahre zeigt der Medianschnitt der Winterknospe meist beiderseitig 3—4 Blätter, deren Streckung am 27. Februar 1892 bei einigen Exemplaren bereits begonnen hatte. Im Mark des Sprosses finden sich kleine, wenigzellige Gruppen sklerotischer Elemente.

Am 23. März 1892 ist die Streckung der Blätter bedeutend fortgeschritten und auch der Kegel hat an Länge zugenommen; einige Knospen zeigen bereits Neigung zum Aufbrechen.

Es sei beiläufig bemerkt, dass in den Tannenwäldern der Umgegend Freiburgs während des Jahres 1890 fast gar kein junger Nachwuchs stattfand, während das vorhergehende, wie das folgende Jahr der Befruchtung unserer Weisstannen besonders günstig waren.

Zweijährige Pflanzen vom 27. Februar 1891.

Eine bis zwei Knospen gebildet, im letzteren Falle öfters die eine davon verkrüppelt. Sind beide wohl entwickelt, so wird jeweils die Endknospe von der Seitenknospe an Länge des Vegetationskegels und an Zahl und Ausbildung der Nadeln übertroffen. Zahl der von dem Medianschnitt getroffenen Blattanlagen: 4, bei Seitenknospen häufig: 6—7. Es macht sich hier schon die Bestimmung der Seitenknospen, Laubzweige zu bilden, bemerkbar.

Kegel und Blätter haben sich zur Zeit schon zu strecken begonnen.

Am 24. März 1891 machte sich bei einigen Knospen zweijähriger Pflanzen dieselbe Neigung zum Aufbrechen bemerkbar, wie es genau ein Jahr später in gleicher Weise an einjährigen Pflanzen der Fall war. Die Kegel solcher Knospen zeigten eine so weit vorgeschrittene Entwickelungsstufe, wie sie an Knospen erwachsener Stämme erst gegen Mitte April wahrgenommen werden konnte.

Reichlich fand sich Stärke vor, namentlich im Mark des Kegels, ferner in den Blattanlagen, über die ganze Spreite vertheilt, in Mark und Rinde des Sprosses.

Am 14. April liess sich gar kein oder nur ein minimaler Fortschritt in der Streckung beoachten. Stärkegehalt wie am 24. März.

Die Kegel von Winterknospen dreijähriger Pflanzen zeigten, an denselben Daten geschnitten, keinerlei Unterschiede gegenüber den zweijährigen. — Drei bis vier Jahre später, also bei 6 — 7 jährigen Individuen, finden sich in der Stammendknospe bereits der breite, gedrungene Vegetationskegel, in den Seitenknospen normale Langtriebkegel vor, wie sie in Form und Bau zu Anfang dieser Besprechung beschrieben worden sind.

Das Auftreten und Verhalten der Stärke im Sprossgipfel der Weisstanne.

Hinsichtlich der Stärkevertheilung in den einzelnen Gewebecomplexen des Vegetationskegels von Abies sei zunächst hervorgehoben, dass gewisse Gewebe zu jeder Zeit des Jahres ausnahmslos stärkefrei sind. Niemals findet sich Stärke, weder autochthon entstandene, noch transitorische im typisch-embryonalem Gewebe, in den Procambialsträngen und der Knospenscheide.

Aus „typisch-embryonalem" Gewebe (im Sinne Koch's) besteht die Vegetationskuppe bis zur Grenze der obersten Markzellen und die jüngsten, direct an der Basis der Kuppe hervortretenden seitlichen Ausstülpungen, seien sie nun Seitenspross- oder Blattanlagen. In derartigem Gewebe findet sich, wie schon angedeutet, auch niemals Chlorophyll und der Charakter seiner Zellelemente entspricht vollständig der von Sachs[1]) gegebenen Definition des „embryonalen" Gewebes. Nicht so diejenigen Zellen, welche ich in Ermangelung eines geeigneteren Ausdrucks als „embryonale" bezeichnet habe, da sie nicht die geringste Differenzirung zeigen, dünne Wandungen besitzen, reichlich Protoplasma und verhältnissmässig grosse Kerne führen; den „typisch-embryonalen" Elementen gegenüber charakterisiren sie sich durch ihren weniger compacten Plasmakörper, ausgedehntere Vacuolenbildung und das Auftreten von Chlorophyll und Stärke.

Aus solchen Elementen besteht in der Winterknospe von Abies derjenige Theil der Blattanlagen, welcher später zum Mesophyll wird,

---

1) Vorlesungen 1887 p. 412.

ferner gewisse Particen der Rindenschicht und schliesslich die viel-
genannten longitudinalen Reihen chlorophyll- und stärkeführenden,
plasmareichen Gewebes im Knospenmarke. Bei der Bildung des neuen
Knospensystems im Sommer kann man beobachten, wie die Zellen des
typisch-embryonalen Gewebes zunächst in das embryonale Stadium
übergehen, in welchem sie meist bis zum Beginn der intensiveren
Streckung im künftigen Frühjahr verharren, um dann schnell in den
definitiven Zustand überzugehen.

Eine Ausnahme bildet das „Grundgewebe" des Pleroms.
Bei der zuerst — schon Ende April — erfolgenden Anlage des künftigen Knospenmarkes geht zunächst ein Theil der typisch-embryonalen
Zellen der Vegetationskuppe direct in einen, dem definitiven genäherten
Zustand über, indem bei stärkerer Ausdehnung dieser Zellen gleich-
zeitige Verdickung der Zellwände und Zurücktreten des Protoplasmas
an die letzteren erfolgt. Die ersten Grundgewebezellen der Markanlage sind ohne Weiteres leicht erkennbar; will man feststellen, ob
ein gewisser Zellcomplex aus dem typisch-embryonalen Stadium in
das erste — embryonale — Uebergangsstadium vorgerückt ist, so lässt
sich das, wenn nicht Vorhandensein oder Fehlen von Stärke oder
Chlorophyll als sichere Erkennungsmittel jede weitere Reaction überflüssig machen, mit Hülfe geeigneter Färbemittel, wie z. B. Kleinenberg's Hämatoxylin oder Safraninlösung, sofort nachweisen. Man
erhält nämlich in beiden Gewebeformen wesentlich verschiedene Farben-
nüancen, vermuthlich durch die verschiedene Consistenz des Zellinhaltes
hervorgerufen. In den typisch-embryonalen Zellen macht die Kern-
masse einen grösseren Theil des letzteren aus, als in den embryonalen
Zellen, deren Plasmakörper ausserdem erheblich lockerer ist. Dieses
sei hier nur beiläufig erwähnt.

Bei der Besprechung der während der jährlichen Periode in den
Tannenknospen vor sich gehenden Veränderungen des Stärkegehaltes
muss ich auf zwei interessante Abhandlungen[1]) näher eingehen, auf
die ich leider erst nach fast vollendeter Abfassung meiner Arbeit
aufmerksam geworden bin und deren frühere Kenntniss mich jedenfalls angeregt haben würde, die Frage des Vorkommens der Stärke
in bestimmten Geweben und Organen und der Stärkeumwandlungen
und -Translocationen einer eingehenderen Beachtung zu würdigen, als
dies bei meinen Untersuchungen der Fall gewesen ist. Immerhin will

---

1) Schroeder, J., Beitrag zur Kenntniss der Frühjahrsperiode des Ahorn-
(Acer platanoïdes) Pringsh. Jahrb. VII, 1869, p. 261 ff. u. Fischer, A., Beiträge
zur Physiologie der Holzgewächse, Pringsh. Jahrb. XXII, 1891, p. 73 ff.

ich nicht unterlassen, die Ergebnisse jener Arbeiten, sofern sie hier
in Betracht kommen, kurz zu besprechen, um zu ersehen, wie weit
die von mir bei Abies gewonnenen Resultate mit jenen übereinstimmen.

Schroeder führte vergleichende analytische Bestimmungen der
Zusammensetzung des Ahornsaftes während der Blutungsperiode des
Ahorns aus und stellte mikrochemische Untersuchungen der Knospen
von Acer platanoïdes während der ganzen Frühjahrsperiode an, deren
erste Hälfte die Blutungsperiode des genannten Baumes bildet. Es
lag Schroeder daran zu ermitteln, wie weit die Zeit des Saftsteigens
für die Stoffwanderung und Knospenausbildung überhaupt von Bedeutung sei.

Schroeder entnahm das Material, wenigstens für denjenigen
Theil seiner Untersuchungen, welcher hier für uns von Wichtigkeit
ist, einem und demselben Baume, dessen Frühjahrsperiode im Jahre
1867 vom 19. April[1]) (neuen Styls) bis zum 22. Juni dauerte. Als
Frühjahrsperiode oder „Reservestoffperiode im engeren Sinne" bezeichnet Schroeder denjenigen Zeitraum, welcher beginnt mit dem
Anfang des Saftsteigens und beendigt wird durch das erste Auftreten
autochthoner Stärke in den Chlorophyllkörpern (der Blätter), also derjenige Abschnitt der Vegetationsperiode, während dessen der Baum
nur auf Kosten von Reservestoffen lebt.

Der zweite Theil der Schroeder'schen Arbeit (auf den ersten,
die Analysen des Birkensaftes betreffenden, will ich hier nicht eingehen)
handelt von der mikrochemischen und anatomischen Untersuchung der
Knospe und der aus letzterer hervorgehenden jungen Axe. Hinsichtlich der „Stoffvertheilung der ruhenden Knospe"[2]) wird zunächst
constatirt, dass am 16. April der direct unter der Vegetationskuppe
liegende Theil des Knospenmarkes, also der eigentliche Pleromkegel,
besonders reich an Chlorophyll und Stärke war, dass letztere in
einer tiefer liegenden breiten Zone, dem „Markzwischenstück" spärlich, jedoch reichlicher in der „Markkuppe" und in gewissen longitudinalen Zellreihen des eigentlichen Sprossmarkes auftrat. Das von
Schroeder als „Markkuppe" bezeichnete Gewebestück des Markkörpers der Ahornknospe, „dessen isodiametrische, stärker verdickte
Zellen reichlich mit Stärke erfüllt sind," dürfte auch nach der von
Schroeder auf Tafel XVIII Fig. 1 gegebenen Skizze mit der von mir
bei Abies „Knospenscheide" genannten Gewebebildung identisch sein.

1) In Dorpat!
2) p. 305 ff., Taf. XVIII, 1.

Doch ist die Knospenscheide der Weisstanne zu jeder Jahreszeit völlig frei von Stärke.

Oberhalb der „Markkuppe“ findet sich bei Acer eine Markzone, „aus lockerem parenchymatischem Gewebe rundlicher, isodiametrischer Zellen bestehend,“ in deren Höhe die meisten Knospenschuppen inserirt sind und welche Schroeder „Markzwischenstück“ nennt. Auch im Sprossmark von Abies liegt an der Grenze jedes Jahreszuwachses eine solche Gewebezone, auf deren Elemente die soeben angeführte anatomische Charakteristik Schroeder's wörtlich anwendbar ist; jedoch befindet sich das „Markzwischenstück“ der Weisstanne nicht oberhalb, sondern stets unterhalb der Knospenscheide. Dies kommt hier aber weniger in Betracht, als vielmehr die Thatsache, dass in der „Markkuppe“ der Ahornknospe Stärke auftritt, während die Knospenscheide ein für alle Male frei davon ist.

Besonderen Werth lege ich nun auf Schroeder's Beobachtung, dass das „Urparenchym“ des Vegetationspunktes (= „typisch-embryonales Gewebe“ Koch's), „dessen Zellen nur Eiweisskörper enthalten,“ ebenso die Zellen des „Verdickungsringes“, also hier die Procambialstränge, stets frei von Stärke sind. Sieht man von dem bei Acer und Abies anatomisch verschiedenen obersten Stücke des Sprossmarkes ab, so ergibt sich vorläufig eine vollkommene Ueber-einstimmung zwischen der Stärkevertheilung im Vegetationskegel von Acer platanoïdes am 16. April mit der von mir bei Abies alba am 23. März beobachteten.

Ebenso trifft für Abies zu, was Schroeder besonders betont,[1] nämlich dass das interfasciculare Gewebe des Vegetationskegels stärke-haltig ist; „ein besonders interessanter Fall, indem hier ein directer Zusammenhang zwischen dem Stärkereservoir der Rinde und des Holzkörpers zu Stande kommt; an dieser Stelle kann ein Uebertreten der Stärkesubstanz aus der Rinde in das Mark (und umgekehrt) an-genommen werden, während später der Cambiumring, in welchem nie Stärke vorkommt, diese Verbindung für immer unterbricht.“

Während des vorliegenden Entwickelungsstadiums des Vegetations-kegels von Abies kommt meiner Ansicht nach ein Uebertreten der Stärke aus der Rinde in das Mark und umgekehrt kaum in Betracht; erst später, nachdem die Knospe aufgebrochen ist und sich der Vege-tationskegel durch Streckung zur jungen Axe entwickelt hat, kann eine derartige Communication eventuell von Wichtigkeit sein. Die

---

[1] p. 307.

Zufuhr transitorischer Stärke in die Knospenregion wird, wie Fischer[1]) festgestellt hat, durch die Gefässe und Tracheïden vermittelt; an der Basis des Vegetationskegels, an der Grenze zwischen Spross und Knospe, wo die Gefässe endigen und die Procambialstränge beginnen, ist nun die Nährstofflösung gezwungen, in andere Gewebeelemente überzutreten. Da die Knospe durch die Knospenscheide, deren peripherische Fortsätze den Gefässbündelring an einigen Stellen durchsetzen und dann direct in die Knospenschuppen verlaufen, gegen den Spross vollständig abgeschlossen ist, und da weder in dem Gewebe der Scheide, noch in den Procambialsträngen, jemals Stärke auftritt, vermag ich keine andere Erklärung für die Speisung des Knospeninnern mit Kohlehydraten zu finden, als diejenige, dass die Nährstofflösung sich aus den obersten Gefässendigungen dem interfasciculären Gewebe der Knospenbasis mittheilt und aus diesem in Mark und Rindengewebe, resp. die Blattanlagen übertritt. In ähnlicher Weise mag sich später, wie auch Fischer[2]) vermuthet, die Ueberführung der Glycose aus dem vorjährigen Spross in die junge Axe zu gestalten, ehe die in derselben gebildeten Gefässe die Leitung des Nährstoffstromes übernehmen.[3])

Am 16. Mai, am Ende der Blutungsperiode, untersuchte Schroeder die Knospen wieder und fand, dass noch absolut keine Veränderungen in der Stoffvertheilung vor sich gegangen waren, auch die Grössenverhältnisse sich kaum geändert hatten.

Acht Tage später, am 24. Mai, hatten nur geringe Veränderungen in den Laubknospen stattgefunden, während die Stärkevertheilung dieselbe geblieben war.[4])

Das von Schroeder unter dem Datum des 11. Juni beschriebene Entwickelungsstadium der Laubknospen von Acer entspricht ungefähr der von mir am 9. Mai untersuchten Streckungsphase, welche sich durch bedeutende Streckungen in allen Knospentheilen charakterisirt. Hier wie dort hatte der Stärkegehalt in allen Gewebecomplexen bedeutend zugenommen, wenn auch in verschiedener Weise. Als den stärkereichsten Theil der Axe zur dieser Zeit bezeichnet Schroeder

---

1) Beiträge zur Physiologie der Holzgewächse p. 160.
2) Ebenda p. 157.
3) Die Schroeder'sche Erklärung der Stärkezufuhr aus der vorjährigen Axe in die Knospe (s. p. 329) ist schon aus anatomischen Gründen für Abies nicht annehmbar.
4) Vgl. oben die Periode der Tannenknospen vom 8.—22. April.

44

die „Stärkeschicht"[1]), diejenige Schicht des Rindengewebes, welche sich aussen direct an die Stränge anschliesst; in zweiter Linie ist die Markkrone reich an Stärke. In dem Mark der jugendlichen Axe, welches wie bei Abies in seiner ganzen Ausdehnung mit Stärke reichlich angefüllt ist, vertheilt sich der Stärkegehalt jedoch so, dass der direct unter der Vegetationskuppe gelegene Theil am stärkereichsten ist und der Gehalt nach unten hin abnimmt. Es folgen dann wieder stärkereichere Zonen, das „Markzwischenstück" und die „Markkuppe." Bei Abies war am 9. Mai die Stärke am reichlichsten in dem direct unter der Kuppe gelegenen Theile des Markcylinders enthalten, welcher zum Pleromkegel der künftigen Knospe wird; im Uebrigen lag jedoch die Stärke im Markcylinder vollkommen gleichmässig vertheilt, ohne dass irgend welche Längs- oder Querzonen besonders bevorzugt gewesen wären. Von besonderen Stärkeansammlungen in der die Stränge nach innen auskleidenden peripherischen Schicht des Markes, der „Markgrenze" („Markkrone" Schroeder's), war ebenso wenig zu bemerken, als von einer besonderen „Stärkeschicht" an der Aussenseite der Procambialstränge. Hier schliessen direct die Gerbstoffschläuche an, auf die ich später zurückkommen werde. Ich habe, da mir noch Alkoholmaterial vom 9. Mai 1891 zur Verfügung stand, meine damaligen Notizen bezüglich der Stärkevertheilung durch erneute Untersuchungen von Längs- und Querschnitten controliren können, bin aber zu keinem anderen Ergebnisse gelangt.

In der Rinde, deren äusserste Zelllagen stärkefrei sind, vertheilt sich die Stärke im Uebrigen gleichmässig, höchstens lassen die zwischen einzelnen Gerbstoffschläuchen liegenden Partieen der Innenrinde eine kaum merkbare Steigerung des Stärkegehaltes gegen das übrige Rindengewebe erkennen; das interfasciculare Gewebe führt ebenfalls reichlich Stärke.

Auch an Alkoholmaterial vom 1. und 7. Juni 1891 habe ich jetzt noch Controlreactionen bezüglich der Stärkevertheilung im Sprossgipfel angestellt und speziell auf die von Schroeder für die Entwickelungsphase der Ahornknospen vom 22. Juni hervorgehobenen Punkte geachtet; wie bei Acer, so ist auch die unter dem Vegetationspunkt von Abies gelegene breite Pleromzone reichlich mit Stärke erfüllt. In den embryonalen Pleromelementen zeigen sich merkliche Ansammlungen sehr kleiner Körner, welche auf assimilatorische Thätigkeit in diesen Zellen schliessen lassen. In Mark und Rinde des

---

1) Taf. XVIII Fig. 2 u. 5.

jungen Triebes macht sich zwar eine geringe Bevorzugung der direct an die Bündel angrenzenden Gewebezonen in der Stärkevertheilung geltend, doch kann von beiderseitigen „Stärkeschichten" keine Rede sein. Das Rindengewebe besteht längs der Bündel resp. Gerbschläuche aus kleineren, weniger locker verbundenen Zellen, als im weiteren Verlauf des Rindenmantels nach der Peripherie zu; wenn nun thatsächlich der Stärkegehalt der einzelnen Zellen beider Gewebezonen der Gleiche wäre, so würde das lockere, weitlumige Gewebe doch stärkeärmer auf dem Gesammtbilde erscheinen, als die innere Schicht. In den höher gelegenen Partieen der Rinde und des Markes ist, wie auch Schroeder am 22. Juni bei Acer beobachtet, reichlich Stärke vorhanden.

Mit der Untersuchung der letztgenannten Entwickelungsphase schliesst die Schröder'sche Arbeit ab. Sämmtliche Einzelheiten der eigehenden Untersuchungen Schroeder's, welche sich übrigens nicht nur, wie die meinigen, auf den Sprossgipfel beschränkten, sondern auch jeweils auf die vorjährigen Triebe und die neugebildeten Axen in ihrer ganzen Ausdehnung, auf Laubblätter und Blüthen erstreckten, hier zu erörtern, erscheint mir nicht am Platze; ebenso kann ich auf die verschiedenen Schlüsse, welche Schroeder aus den Ergebnissen seiner Arbeiten über die Beziehungen der Stärke zur Knospenevolution und der Entwickelung der Sprosse gezogen[1]), hier nicht näher eingehen, da sie zum grossen Theil weit ausserhalb der Grenzen liegen, welche der vorliegenden Abhandlung gesteckt sind. Die Ansichten Schroeder's über die Wanderungsbahnen der Kohlehydrate sind theilweise durch die neueren Untersuchungen Fischer's[2]) widerlegt worden. In dem die Knospen behandelnden Abschnitte der umfangreichen Arbeit finden sich verschiedene Punkte, welche einen Vergleich mit den bei der Weisstanne bestehenden Verhältnissen angezeigt erscheinen lassen. Ich nehme an, dass sich die in diesem Capitel gegebenen Ausführungen Fischer's nur auf Laubhölzer beziehen, da die Coniferen hier mit keinem Worte erwähnt werden.

Betreffs des Vorkommens von Kalkoxalat in den Knospen möchte ich bemerken, dass ich zu keiner Zeit in irgend einem Gewebecomplex des Knospeninnern oxalsauren Kalk vorfand, auch nicht im Plerom und der Knospenscheide, welche mit der von Fischer „Oxalatnest" genannten Zone identisch sein dürfte, diese Benennung bei Abies aber nicht verdient.

---

1) p. 227—31.
2) Beiträge zur Physiologie der Holzgewächse. 1891.

Von grösserem Interesse sind die Mittheilungen Fischer's über die Stärkevertheilung in den Knospen während des Herbstes und Winters.

Wie Fischer constatirt hat[1]), tritt im Baumkörper der Laubhölzer zur Zeit des Laubfalles im October das „Stärkemaximum des Herbstes" ein, welches bis Ende Oktober oder Anfang November andauert. Darauf folgt die Phase der Stärkelösung (bis Ende November) und schliesslich das „Stärkemaximum des Winters" (December, Januar und Februar). Während der letztgenannten Phase schwindet die Rindenstärke bei allen, die Holzstärke nur bei einem Theil der Laubbäume, den weichholzigen, bei denen sie in Fett umgesetzt wird, wesshalb Fischer diese Bäume als „Fettbäume", im Gegensatz zu den anderen, den „Stärkebäumen", bezeichnet; zu den ersteren rechnet er die Coniferen.

Nach dem Stärkeminimum beginnt die Stärkeregeneration Anfang März und im April treten die Bäume in das Frühjahrsmaximum ein, welches bis zur Knospenentfaltung (Anfang Mai) währt. Aehnlich wie im Baumkörper der Laubhölzer liegen die Verhältnisse in den Knospen derselben.

„Im Oktober", sagt Fischer[2]), „nach dem Laubfall, während des Stärkemaximums, enthalten die Knospen gleichfalls grosse Stärkemengen, welche sich folgendermaassen vertheilen. Sehr viel Stärke ist in den Knospenschuppen abgelagert, die Hauptmasse aber in dem Knospenmark, unterhalb des ruhenden Vegetationspunktes, besonders auch im Oxalatnest. Dieses wird mit Jod schwarz gefärbt und hebt sich für das blosse Auge auf das schärfste vom Vegetationspunkt mit den embryonalen Anlagen ab. Diese sind im Oktober vollkommen stärkefrei. . . ." Wie aus den von Schroeder und Fischer gemachten Angaben über das „Markzwischenstück und Oxalatnest" hervorgeht, müssen im anatomischen Bau der Knospenbasis zwischen den von beiden Autoren untersuchten Laubhölzern und der Weisstanne Verschiedenheiten bestehen, auf welche dort das Auftreten der Stärke in dieser Zone zu gewissen Jahreszeiten, hier das absolute Fehlen derselben, zurückzuführen ist.

Am 20. November 1889 fand Fischer bei allen von ihm untersuchten Laubhölzern eine, wenn auch im Allgemeinen geringe Abnahme der Stärke im Knospenmark, welche am 17. Januar 1890 bei

1) p. 87—100; p. 158—9.
2) p. 122.

den meisten Bäumen erheblich fortgeschritten war. Dieser Verminderung der Stärke im Knospenmark entsprach ein **starker Fettgehalt des Protoplasmas der embryonalen Zellen und eine intensive Ablagerung der Stärke in den embryonalen Blatt- und Blüthenanlagen und dem Vegetationspunkte selbst.** Ob und wie weit die betreffenden Theile des Knospeninnern Chlorophyll führten oder nicht, gibt Fischer nicht an, betont aber, dass der Monat Januar im Jahre 1890 ein sehr milder war.

Um zu beweisen, dass in den Knospen ein beträchtlicher Theil der zur Entwickelung erforderlichen Stoffe während des Winters bereits niedergelegt sei und um zu erfahren, wie weit die Knospen sich mit Hülfe der in ihnen niedergelegten Stärke zu entwickeln vermögen, stellte Fischer mehrere interessante Versuche mit isolirten Knospen von Acer platanoïdes, Syringa, Crataegus und Evonymus an, auf die ich hier nicht näher eingehen kann. Jedenfalls berechtigte der Erfolg dieser Experimente zu dem Schlusse,[1] **dass die in der Knospe abgelagerten Kohlehydrate wohl ausreichen, eine kräftige Schwellung der Knospe herbeizuführen, dass sie aber nicht zu einer wirklichen Entfaltung genügen.** Nur die allerersten Stadien des Knospentriebes geschehen auf Kosten der hier gespeicherten Reservestoffe, die Hauptmasse der zur weiteren Entwickelung erforderlichen Nährsubstanzen entnehmen die Knospen dem sie tragenden vorjährigen Triebe, nach dessen Aussaugung die älteren Aeste das Material liefern.

Wie verhalten sich die Knospen von Abies alba im Vergleich zu den von Fischer untersuchten Laubholzknospen?

Die Knospenschuppen habe ich nicht untersucht; im Mark der Knospe (im Pleromcylinder) fand ich im September und October ziemlich reichlich Stärke vor, wenn auch wenig im Vergleich zum Frühjahrsmaximum der Knospen. Dass die von Fischer beschriebene Phase des herbstlichen Stärkemaximums, welches bei Laubhölzern zur Zeit des Laubfalles beginnt, nicht ohne Weiteres bei immergrünen Nadelhölzern ihr Analogon finden würde, liess sich a priori vermuthen; und thatsächlich scheint auch für die Laubknospen von Abies nur ein Stärkemaximum im engeren Sinne, d. h. ein Maximum des Gehaltes an Reservestärke, zu existiren. Ich bin geneigt, sämmtliche im Knospeninnern während des Spätsommers, Herbstes und Winters angetroffene Stärke, die sich durch besondere Kleinheit der Körner

---

1) p. 126.

auszeichnet, für **a u t o c h t h o n** zu halten, wenngleich mir für diese Annahme jegliche weitere Anhaltspunkte fehlen als die eben genannten Grössenverhältnisse der Körner und die naheliegende Erwägung, welche Bedeutung das bei der Gestaltung des Vegetationskegels und der embryonalen Anlagen in diesen Geweben während des Sommers entstehende Chlorophyll haben könne, wenn nicht die Aufgabe der Stärkeproduktion?

Sobald gewisse Gewebecomplexe des Vegetationspunktes aus dem „typisch-embryonalen" in das nächstfolgende Entwickelungsstadium, welches immer noch embryonalen Charakter trägt, übergehen, tritt in ihnen Chlorophyll auf; dies geschieht zunächst im Plerom, später in der peripheren Rindenschicht und in den acropetal entstehenden Blattanlagen. Die vom Chlorophyll erzeugte Stärke wird zunächst nicht verwerthet, da während des Sommers unausgesetzt der Knospenregion — wie Fischer[1]) festgestellt hat — eine, wenn auch mässige Menge Glycose zugeführt wird, welche vermuthlich der Ausbildung der Winterknospen dient. Die letzteren treten bei Abies gegen Ende August zuerst als vom Stamm durch eine Scheide getrennte, gleichsam selbständige Organe auf, deren innere Ausbildung zwar noch nicht vollendet, doch im August einen bedeutenden Fortschritt erfahren hat. Damit liess sich zugleich eine merkbare Zunahme an kleinen Stärkekörnern im Knospeninnern erkennen.

Die assimilatorische Thätigkeit des hier vorhandenen Chlorophylls dürfte beim Eintritt kälterer Witterung, etwa im October, sistirt werden. Ob nun die zu Anfang October vorhandene Stärke während der Monate October, November, December, Januar und Februar im Knospeninnern verathmet wird oder auch hier, wie Fischer bei den Laubholzknospen beobachtet hat, eine Umsetzung der Knospenstärke in Fett oder einen anderen Stoff während des Novembers stattfindet, vermag ich nicht zu entscheiden, da meine Untersuchungen in dieser Richtung unzureichend sind. Anfangs November habe ich die Knospen nicht untersucht; am 29. November fand ich allerdings eine erhebliche Abnahme des Stärkegehaltes gegen Anfang October, jedoch enthielten die Knospen noch mehr Stärke, als im Januar. Auch Fischer beobachtete am 17., resp. 18. Januar eine deutliche Abnahme der Stärke im Mark der Knospe[2]) bei gleichzeitigem hohen Fettgehalt des Protoplasmas des Vegetationspunktes und der embryonalen Organe

---

1) p. 156.
2) p. 123/4.

und intensiven Stärkeablagerungen in diesen Theilen. Sowohl in die Anlagen der Blätter, wie die der Blüthen, war die Stärke aus dem Knospenmarke eingewandert. Wie Fischer annimmt, hat diese Translocation bereits Ende November oder Anfang December begonnen. Wie weit das embryonale Gewebe des Vegetationspunktes Stärke führte und ob gewisse Partieen jederzeit stärkefrei blieben, ist aus Fischer's Angaben nicht zu ersehen; dass Schroeder in den Laubknospen von Acer platanoïdes, welche Fischer übrigens auch untersucht hat, das „Urparenchym" zur Ruhezeit frei von Stärke fand, habe ich an anderer Stelle bereits hervorgehoben.

Für Abies treffen die Angaben Fischer's über die Stärkevertheilung im Januar, wie oben gezeigt wurde, nicht im Mindesten zu. Aber man darf bei einem Vergleich zwischen Fischer's Resultaten und den meinigen nicht vergessen, dass z. B. die Winterknospen von Syringa, Aesculus und Crataegus, welche dort u. A. als Untersuchungsmaterial dienten, auf einer ungleich höheren Stufe der Entwickelung stehen, als diejenigen der Weisstanne und demnach höchst wahrscheinlich auch andere Factoren für den Verlauf der Stoffumwandlungen im Knospeninnern massgebend sein werden.

Am 23. März fand ich reichlich Stärke im Plerom, in den Blattanlagen prävalirten die Spitzen an Stärkegehalt; dass die transitorische Stärke im Plerom sich stets zuerst in den Gewebeelementen embryonalen Charakters zeigt, mag mit der stärkeregenirenden Kraft des hier reichlich vorhandenen Protoplasmas zusammenhängen, auch dürfte zugleich mit Eintritt wärmerer Witterung die Thätigkeit des Chlorophylls beginnen, welches ebenfalls Stärke producirt. Die Erscheinung der Stärkeanhäufungen in den Blattspitzen, den chlorophyllreichsten Theilen der Winterknospe von Abies zu Anfang April würde damit eine naheliegende Erklärung finden.

Gerbstoffe.

Eingehende Untersuchungen über das Auftreten und Verhalten dieser Körper im Innern der Tannenknospen habe ich nicht anstellen können, wollte aber nicht unterlassen, diejenigen in's Auge fallenden Erscheinungen genannter Art kurz mitzutheilen, welche sich bei genauer anatomischer Untersuchung des Sprossgipfels ohne Weiteres beobachten liessen.

Gerbstoffe, resp. gerbstoffhaltige Zellinhaltskörper, fanden sich in

4

dreierlei Gestalt vor. Erstens trat Gerbstoff gelöst im Zellsaft der Grundgewebezellen des Pleroms auf und zwar liess er sich zugleich mit der Differenzirung der ersten Markzellen aus dem typisch-embryonalen Gewebe des Vegetationspunktes nachweisen.[1] Ebenso wie der Zellsaft, waren auch die Membranen der betreffenden Zellen stark gerbstoffhaltig, da die Lösung in die Zellwände infiltrirt war und ein reichlicher Niederschlag fein vertheilten Gerbstoffes in und auf denselben stattgefunden hatte. Im embryonalen Gewebe konnte niemals eine Spur von Gerbstoff nachgewiesen werden und letzterer dürfte im vorliegenden Falle ein Stoffwechselnebenprodukt sein, entstanden beim Uebergang der betreffenden Gewebeelemente aus dem ersten embryonalen Zustand in den durch das Grundgewebe repräsentirten, zumal da nach vollendeter Ausbildung der Knospen im Spätsommer die Gerbstoffbildung im Plerom sistirt zu werden scheint. Im Winter sind Zellsaft und Membran der Grundgewebezellen gleichmässig gerbstoffhaltig, während bei der Streckung und Entfaltung der Knospen im kommenden Frühjahr die Reactionen nach und nach schwächer werden und schliesslich nach definitiver Ausbildung des Sprossmarkes der Gerbstoff nur noch in den Membranen der ehemals gerbstoffreichen Zellen und hier nur mit Hülfe besonders intensiv wirkender Reagentien, wie z. B. Ueberosmiumsäure, nachgewiesen werden konnte. Bemerkenswerth erscheint mir, dass, wenn die Membranen der Grundgewebezellen später sehr starke Verdickung erfahren, wie bei Bildung der Knospenscheide und Entstehung der sklerotischen Elemente im Markcylinder, der Gerbstoff aus den Membranen wieder vollkommen ausgeschieden wird und sich im Innern der Zellen in Form einer fein suspendirten Substanz ansammelt. Dieser Vorgang scheint ein rein physikalischer zu sein und hängt jedenfalls mit der Verholzung der Wände nicht zusammen; denn die Wände der Zellen des Scheidengewebes verholzen überhaupt nicht und in den sklerotischen Markzellen erfolgt die Gerbstoffausscheidung, soweit ich beobachtet habe, ehe die Verholzung beginnt.

Unabhängig von dem Auftreten des eben erwähnten, eisenbläuenden Gerbstoffes fanden sich in der Knospenscheide im Frühjahr eisengrünende, ölartige, stark lichtbrechende Tropfen vor, welche ebenfalls Gerbstoffreactionen lieferten. Auf das Verhalten dieser Körper

---

1) S. o. Entwickelungsphase vom 28. April; vgl. a. Kraus, G., Grundlinien zu einer Physiologie des Gerbstoffs, Leipzig 1889, p. 58 ff.

gegen verschiedene andere Reagentien will ich an dieser Stelle nicht zurückkommen, sondern nur noch bemerken, dass dieselben in verhältnissmässig geringer Zahl auftraten.

Endlich sei derjenige eisenbläuende, feinkörnige Gerbstoff erwähnt, welcher sich in den Gerbstoffschläuchen des Rindengewebes der Sprossanlage während der Streckung der letzteren in reichlicher Menge ansammelt. Zur Zeit der Entfaltung der Knospe (9. Mai 1891) erreichten die unmittelbar an die Procambialstränge aussen angrenzenden Schläuche das Maximum des Gerbstoffgehaltes, fünf Tage später waren sämmtliche Schläuche — wenigstens in der oberen Region des jugendlichen Sprosses — auffallenderweise vollkommen entleert, wobei sich übrigens in dem benachbarten Rindengewebe nicht der geringste Gerbstoffgehalt bemerkbar machte.

Ob dieser Gerbstoff ein minderwerthiges Nebenprodukt des Stoffwechsels darstellt oder ob er zu den „Gerbstoffen von physiologischer Bedeutung" im Sinne Hansen's[1]) zu rechnen ist, also bei der Weiterentwickelung der jungen Axe und der Blätter als Nährmaterial Verwendung findet, kann hier nicht entschieden werden.

Zusammenfassung der Resultate der Einzeluntersuchungen.

Die Sprossformen der Weisstanne lassen sich, wie aus dem in der Einleitung Gesagten hervorgeht, nach ihrer Entstehungsweise, ihren Grössenverhältnissen, theilweise auch nach der Blattstellung und dem Verzweigungsmodus in drei Typen unterscheiden:

1. Hauptstamm,
2. Langtriebe,
3. Kurztriebe.

Der äussere Habitus des einzelnen Sprosses richtet sich nach dessen Function, d. h. nach der Art seiner Mitwirkung an der Aufrechterhaltung des Gesammthabitus des Baumes. Wechselt die Function, so verändert sich in den meisten Fällen auch der äussere Habitus des betreffenden Sprosses. Sowohl auf natürlichem Wege, wie experimentell kann ein Wechsel in der Function erreicht und

---

1) Hansen, A., Pflanzenphysiologie, Stuttgart 1890, p. 119.

somit eine Sprossform niederer Ordnung in die nächst höhere übergeführt werden, wobei sie mit deren Functionen zugleich den Charakter
der nächst höheren Form annimmt. In jeder Vegetationsperiode findet
z. B. ein Uebergang zahlreicher Kurztriebe in Langtriebe statt und
ich habe im Laufe obiger Erörterungen häufig die Ausdrücke: „normale
Langtriebknospen" und „normale Langtriebe" gebrauchen müssen, um
den Modus der Entstehung solcher Knospen und Triebe gegenüber
dem der „secundär" gebildeten zu präcisiren. Wie die Sprosse selbst,
so sind auch die in den Knospen der Weisstanne enthaltenen Sprossanlagen, die Vegetationskegel, nicht einheitlich ausgebildet, sondern
sowohl hinsichtlich ihrer Form, wie des anatomischen Baues verschieden
— je nach der Entstehungsweise der Knospe, der Wachsthumsrichtung
der Mutteraxe und der Bestimmung des Vegetationskegels, also der
Art seiner Betheiligung an der Sprossbildung in der kommenden Verjüngungsperiode.

Es lassen sich hier ebenfalls drei Grundtypen unterscheiden:

1. Vegetationskegel der Stammendknospe,
2.   „   der Langtriebknospen,
3.   „   der Kurztriebknospen.

Die Kegel des ersten Typus (Fig. 1) sind charakterisirt durch
ihre kurze, gedrungene Form, massige Anlage, schwach gewölbte, hie
und da ein wenig zugespitzte Kuppe und verhältnissmässig beschränkte
Zahl von Blattanlagen. Das breit angelegte Plerom, welches aus mehr
oder weniger regelmässig alternirenden longitudinalen Reihen embryonaler Elemente und weitlumiger, mit stärkeren Wandungen umgebener
Zellen, sog. „Grundgewebes" zusammengesetzt ist, enthält beide
Gewebeformen entweder in gleichen Mengen oder der Gehalt an
embryonalen Zellen überwiegt. Vegetionskegel von diesem Typus
finden sich in den Stammendknospen sämmtlicher Individuen, welche
älter als 5—6 Jahre sind, ausserdem in den Endknospen anderer
Axen mit ausgesprochen senkrechter Stellung.

Die nach dem zweiten, dem Langtriebtypus gebauten Kegel sind
schlank und schmal, etwa 1½, höchstens 2 mal so lang, als an der
Basis breit, besitzen stark gewölbte Kuppen und bilden mehr Blattanlagen, als die Kegel erstgenannter Gattung, da es ihre Bestimmung
ist, Laubzweige zu erzeugen. Im Pleromcylinder prävalirt das Grundgewebe und das embryonale Element tritt in den Hintergrund; der
Gehalt des Markes an embryonalen Zellen wächst mit der Massigkeit
des Kegels; bei den schmalsten Kegeln schmächtiger Axen kann die
Zahl solcher Zellen sehr minimal sein, in den Knospen ganz junger

Pflänzchen besteht der Markkörper meistentheils ausschliesslich aus Grundgewebe.

Der Langtriebtypus (Fig. 2) tritt auf in den Quirlknospen des Gipfelsystems der Hauptaxe,[1]) wie in sämmtlichen übrigen normal angelegten Langtriebknospen des Tannenstammes, soweit ihre Mutteraxen die horizontale oder annähernd horizontale Wachsthumsrichtung beibehalten haben, ferner in den End- und Quirlknospen der aus Kurztriebknospen entstandenen Sprosse und schliesslich in denjenigen Kurztriebknospen, welche bestimmt sind, in der kommenden Vegetationsperiode zu Trieben auszuwachsen.

Uebergangstypen zwischen der ersten und zweiten Form finden sich in den terminalen Knospen mehr vertical wachsender, aufwärts strebender Sprosse, wie z. B. in der Gipfelregion alter Bäume und auch häufig in den Endknospen solcher Seitensprosse erster Ordnung, welche sich aufgerichtet haben, um den abgeschnittenen oder durch Zerstörung seiner Terminalknospe am Weiterwachsen verhinderten Hauptspross zu ersetzen.

Für die Anlage eines terminalen Kegels nach dem ersten oder . zweiten Typus ist ausschliesslich die Wachsthumsrichtung der Mutteraxe massgebend. Zu dem dritten Typus gehören diejenigen Kurztriebanlagen, welche in der folgenden Vegetationsperiode nicht austreiben und in den — wohl meist nur temporären — Ruhezustand übergehen (Fig. 4). Von einem Vegetations-„Kegel" in unserem Sinne kann hier wohl kaum die Rede sein; es ist nur eine steiler oder flacher gewölbte Kuppe vorhanden, an deren Basis selten einige wenige Blattanlagen gebildet sind und deren Mark direct in das des kurzen Triebstückes übergeht, ohne durch eine Knospenscheide dagegen abgegrenzt zu sein.

Treibt eine Ruheknospe aus, so bildet ihr Vegetationspunkt zunächst einen kurzen Spross, welcher bis zur Peripherie des Stammes reicht; dann wird eine reguläre Knospe mit einem Langtriebkegel erzeugt, der in der nächsten Verjüngungsperiode zum Spross auswächst. Es kann also aus einer Kurztriebanlage nicht ohne Weiteres ein normaler blatttragender Spross entstehen, sondern es muss vorher ein Langtriebkegel gebildet werden.

Der Kurztriebtypus kann in Langtriebknospen niemals auftreten, sondern nur in Kurztrieb- und Ruheknospen, vielleicht auch bei Adventivbildungen. Im Juli lässt sich feststellen, welche von den während der laufenden Vegetationsperiode angelegten Kurztriebknospen im kommenden Frühjahr zu Trieben auswachsen und welche in den Ruhezustand übergehen.

Wenn wir von dem letztbesprochenen Typus absehen, so ergibt sich zunächst für die Form und Ausbildung der Vegetationskegel von Abies eine bedeutende Abhängigkeit von der Wachsthumsrichtung der Mutteraxen, welche in den meisten Fällen der Ausdruck einer Functionsänderung der betreffenden Axe ist. So sind die senkrecht wachsenden Sprosse, wie z. B. der Hauptstamm, zunächst zur weiteren Sprossbildung bestimmt, während die horizontal oder annähernd horizontal wachsenden Triebe in erster Linie der Erzeugung von Blättern, von assimilirender Fläche dienen. Am besten zeigt sich dieser Gegensatz bei den im Haupttheil ausführlicher behandelten Correlationserscheinungen, bei der Ersetzung zerstörter Hauptaxen durch Seitentriebe. Wie oben erläutert wurde, wird der terminale Vegetationskegel eines solchen Triebes in der der Aufrichtung folgenden Vegetationsperiode entweder ganz nach dem Stammendknospentypus ausgebildet oder er zeigt wenigstens eine Uebergangsform zwischen diesem und dem Langtriebknospentypus.

Auch bei alten, ganz normal gewachsenen Bäumen lässt sich Aehnliches beobachten; man vergleiche nur die Vegetationskegel der terminal stehenden Langtriebknospen in der Gipfelregion und der basalen, untersten Sprossregion mit einander. Dort an den aufwärts gerichteten, kurzen dicken Sprossen[1]) breite gedrungene Kegel mit flacher Kuppe und verhältnissmässig stark entwickeltem Pleromcylinder, hier schlanke, schmale Kegel mit langen Blattanlagen und mässig entwickeltem Plerom, welches arm an embryonalem Gewebe ist.

Die Quantität embryonaler Zellelemente im Markkörper der Vegetationskegel von Abies steigt und fällt, wie wir wiederholt gesehen, mit der Breite der Markanlage; am reichsten an embryonalem Gewebe sind die Markanlagen der nach dem Stammendknospentypus gebauten Kegel, welche starke, kräftige Axen erzeugen; bei den

---

1) Bei diesen tritt allerdings die Function der Sprossbildung gegenüber der der Blüthenerzeugung wesentlich zurück; sämmtliche an diesen Sprossen gebildete Kurztriebknospen werden zu Blüthenständen. (Vgl. a. o.)

Kegeln horizontal wachsender Laubzweige herrscht das Grundgewebe im Plerom vor und mit der Stärke der Axe wechselt jeweils die Zahl der embryonalen Zellen, welche bisweilen auf ein Minimum, bei ganz jungen Pflanzen sogar bis auf Null reducirt werden kann.

Die Vorbedingungen zu der für den Aufbau des Baumes charakteristischen mathematischen Gesetzmässigkeit, welche in den Grössenverhältnissen verschiedener gleichartiger Sprosssysteme und der einzelnen Glieder eines Systems zum Ausdruck gelangt, sind, wie sich a priori voraussetzen liess, bereits in den Dimensionen der ruhenden Vegetationskegel erkennbar. Die Kegel der Quirlknospen eines und desselben Systems sind bei normaler Ausbildung annähernd gleich lang, ebenso wie die sich später daraus entwickelnden Jahrestriebe; zur Illustration dieser Thatsachen mögen die nachstehenden Tabellen dienen.

Tab. I gibt die Längenverhältnisse der Kegel von zehn terminalen Knospensystemen erwachsener und normal entwickelter Individuen, welche im Uebrigen willkürlich zur Messung ausgewählt wurden. (Das Material wurde im Januar geschnitten).

Tab. I.

Länge des Vegetationskegels der Stammendknospe	Längen der Vegetationskegel der zugehörigen Quirlknospen				
mm	mm	mm	mm	mm	mm
2,032	2,741	2,772	2,695	2,695	
1,925	3,172	3,326	3,110		
2,464	3,480	3,541	3,618	3,388	
2,618	3,772	3,850	3,820		
2,233	3,311	3,234	3,388	3,311	3,157
2,464	3,388	3,388	3,311		
1,760	2,772	2,541	2,464		
2,002	3,280	3,465	3,341	3,388	
1,760	3,126	3,003	2,956	3,08	
1,925	3,157	3,157	3,08	3,157	

Tab. II gibt eine vergleichende Uebersicht der Sprosslängen terminaler Sprosssysteme 1—2 m hoher Bäume. (Im Januar gemessen).

Tab. II.

Länge des letztjährigen Zuwachses der Hauptaxe	Längen der zugehörigen Seitenaxen I. Ordnung (Quirlsprosse)				
cm	cm	cm	cm	cm	cm
18	18	18	20	21	
15	19,5	20			
15	19	20,5	21,5		
18,5	17	17,5	19		
20	20	22	22	23,5	
19	20	21	22		
16	18,5	21	21,5	21,5	
24	22	22,5	23,5	26	
23,5	22	22	24,5		
29,5	24	28,5	31		
26	25	25	26	29	
12	14	15,5	16	16,5	
10	14,5	16	18		
16,5	16,5	18	18,5		
27	19,5	21	21,5		
32	25	25	27		
26,5	26,5	27	28,5		
30,5	26,5	27	29,5		
20,5	20	23	23,5		
22,5	21,5	21,5	22,5		
32,5	26,5	26,5	27		
36	32,5	34	34	35	
39	34,0	34,5	35		
38,5	30	30	31	32,5	
14	16,5	17	17,5		
25	23,5	25	27,5	27,5	28
27,5	23	23,5	24,5	27,5	
33,5	28	29	30		
50	36	37	39	41	
50,5	33,5	34	34	36	
51	33,5	34,5	35,5	36,5	
36	29	29	30	30	
22	18	18	19	19,5	21
41	29,5	29,5	31,5		
24	22	22,5			

Ebenso wie das Gipfelknospensystem und die entsprechenden Sprosse des Hauptstammes verhalten sich hinsichtlich der übereinstimmenden Längenverhältnisse gleichartiger Glieder auch die Knospenquirle normaler Langtriebe und die daraus hervorgehenden Sprosse.

Auf sämmtliche, im Haupttheil dieser Arbeit berührten Punkte kann hier nicht zum zweiten Male eingegangen werden, jedoch erscheint es mir am Platze, noch eine kurze tabellarische Uebersicht über die in den verschiedenen Phasen der vegetativen Thätigkeit des Sprossgipfels zu Tage tretenden Erscheinungen anatomischer und morphologischer Natur und einige der sich während der jährlichen Periode im Knospeninnern vollziehenden physiologischen Veränderungen zu geben.

Die nachstehenden Angaben beziehen sich auf das Gipfelknospensystem erwachsener (ca. 2 m hoher) Weisstannen und gelten für das Jahr 1891.[1])

23. März: Beginn der Streckung der Vegetationskegel und Blattanlagen der Quirlknospen. (In der Stammendknospe zeigen nur die Blattanlagen Streckungserscheinungen).

Stärkegehalt: Zunahme im Plerom, vornehmlich bei den Quirlknospenkegeln.

8. April: Streckung des terminalen Kegels hat ebenfalls begonnen. Die Vegetationspunkte der künftigen Quirlknospen heben sich deutlich am Hauptvegetationspunkt der Endknospe von den benachbarten jüngsten Blattanlagen ab. Ring- und Spiralleisten in einigen Procambialzellen.

Stärkegehalt: hat zugenommen und ist jetzt in beiden Knospenformen der gleiche.

14. April: Kegel der Quirlknospen haben sich intensiver gestreckt, als die terminalen Kegel; an ersteren sind „Blattkissen" gebildet.

Stärkegehalt: unverändert.

22. April: Am Vegetationskegel der Endknospe sind ebenfalls „Blattkissen" gebildet.

Stärkegehalt: unverändert.

29. April: Beginn der Umbildung jüngerer Blattanlagen in Knospenschuppen. Bildung sklerotischer Elemente im Plerom. Anlegung

---

1) Wesentliche Schwankungen hinsichtlich der Dauer der winterlichen Ruheperiode und der Daten der einzelnen Phasen der Knospenentwickelung während der Vegetationsperiode dürften für unsere Gegend in verschiedenen Jahren kaum zu beobachten sein. Es sei denn, dass ganz abnorme Witterungsverhältnisse herrschen, wie z. B. in diesem Frühjahr 1893. (Während des Druckes zugesetzt).

58

von Harzgängen im Rindengewebe. Differenzirung des Grundgewebes für den Pleromkörper des künftigen Hauptvegetations-
kegels.

Stärkegehalt: gestiegen.

9. Mai: Knospen sind aufgebrochen. An den jugendlichen Axen
jetzt freie Interfoliartheile sichtbar, deren Oberfläche mit feinen
Papillen und Haaren bedeckt ist. Die ersten Knospenschuppen
schliessen über der Vegetationskuppe zusammen. Kurztriebanlagen
treten deutlich in den Blattachseln hervor. Ausbildung der Harzgänge in Rinde und Blättern scheint beendigt. Differenzirung
des Pleroms in den Vegetationskuppen der künftigen Quirlknospen.

Stärkegehalt: gestiegen; Maximum.

14. Mai: Ausgiebige Bildung von Knospenschuppen. Zahl der skle-
rotischen Zellen im Mark der Axe hat zugenommen; in den
Strängen sind Faserzellen, Ring- und Spiralgefässe differenzirt.
Stärkegehalt: nimmt im oberen Theile des Markcylinders ab.

23. Mai: Entstehung einer ausgedehnten Rindenwucherung zum
Schutze des neuen Knospensystems am Sprossgipfel; Bildung von
Schleimzellen und zahlreichen Intercellularräumen daselbst. Längs-
streckung der Markzellen und Verholzung der sklerotischen
Elemente haben begonnen.

Stärkegehalt: unverändert.

1. Juni: Ausgiebige Bildung von Knospenschuppen und Bräunung
der früher entstandenen.

Stärkegehalt: unverändert.

17. Juni: Differenzirung der Procambialstränge am Vegetationspunkt.

Stärkegehalt: unverändert.

10. Juli: Die Ausbildung des künftigen Knospensystems ist so weit
fortgeschritten, dass die einzelnen Glieder desselben auch äusserlich leicht unterscheidbar sind. Die Bildung von Schuppenblättern
scheint beendigt und die Anlegung von Laubblättern für die
Winterknospen beginnt. In den Strängen der Axe Verholzung,
in den Wandungen einiger Markzellen Tüpfelbildung.

Stärkegehalt: unverändert.

27. Juli: Streckung der Vegetationskegel und Bildung neuer Blätter
sind fortgeschritten; im Plerom ist die Differenzirung in beide
Gewebeformen vollendet.

Stärkegehalt: Im Plerom nur autochthone Stärke; die zur
Knospenscheide werdende Zone ist fast stärkefrei. Im oberen
Theile des Sprossmarkes nimmt der Gehalt ab.

1. September: Die künftigen Winterknospen sind durch die inzwischen gebildeten Knospenscheiden vom Spross getrennt. Innere Ausbildung der Quirlknospen weiter vorgeschritten, als die der Endknospen. Die Vegetationskegel beider Knospenformen noch mit der Bildung von Blattanlagen beschäftigt.

Stärkegehalt: Im Plerom Zunahme an autochthoner Stärke und Auftreten letzterer in der Rindenschicht und den unteren Blattanlagen.

5. October: Endknospen: Bildung von Blattanlagen noch nicht beendigt und „Winterform" des Kegels noch nicht erreicht.

Quirlknospen: Neue Blätter werden nicht mehr angelegt, die vorhandenen noch in Streckung begriffen. „Winterform" grösstentheils erreicht.

Stärkegehalt: unverändert.

29. November: Sämmtliche Knospen befinden sich im Ruhezustand.

Stärkegehalt: Erhebliche Abnahme; nur das Plerom führt noch Stärke und zwar mehr, als im Januar.

Januar—Februar: Stärkeminimum.

Es sind der vorstehenden Tabelle, deren Erläuterung im Text des Haupttheils dieser Arbeit im Wesentlichen schon gegeben ist, noch einige Bemerkungen hinzuzufügen.

Die winterliche Ruheperiode beginnt für die Laubknospen erwachsener Pflanzen von Abies alba etwa Ende October oder Anfang November, jedoch machen sich zu Anfang October noch derartige Unterschiede in der Entwickelung der Vegetationskegel zwischen den Endknospen des terminalen Systems und den Quirlknospen geltend, dass die Annahme berechtigt erscheint, der Termin des Anfangs der Ruhezeit möchte für End- und Quirlknospen der Gipfelsysteme ein verschiedener sein. Während am 5. October die Kegel der untersuchten Stammendknospen ihre definitive „Winterform" noch nicht erlangt hatten und noch mit der Bildung neuer Blattanlagen beschäftigt waren, hatten die Quirlknospen bereits ihren Entwickelungsgang soweit beendigt, um in das Ruhestadium übergehen zu können.

Die Dauer der Winterperiode dürfte für beide Knospenformen annähernd die gleiche sein, da sich die ersten Streckungserscheinungen an den terminalen Kegeln erst am 8. April wahrnehmen liessen, während solche an den Kegeln der Quirlknospen bereits am 23. März constatirt werden konnten.

Während bei sämmtlichen untersuchten Knospen der Gipfelsysteme erwachsener Pflanzen ein annähernd gleiches Verhalten hinsichtlich der Dauer ihres Ruhezustandes beobachtet wurde, verhielten sich, wie wir gesehen, die 1—3-jährigen Pflanzen anders. In ihren Knospen zeigte sich schon Ende Februar Streckung des Kegels resp. der Blattanlagen und dieselbe nahm innerhalb 3—4 Wochen so weit zu, dass am 23. März die grünen Spitzen der Blätter deutlich durch die gelockerte Schuppenhülle an der Knospenspitze sichtbar waren und das Stadium der inneren Ausbildung ungefähr dem an Knospen erwachsener Pflanzen gegen Mitte April beobachteten entsprach.

Die vorgeschrittene Entwickelung der Knospen bei den jungen Pflänzchen lässt sich vielleicht aus der unmittelbaren Nähe des gesammten Leitungssystems der kleinen Stämmchen mit dem durch die Sonne frühzeitig erwärmten Boden erklären. In der zweiten Hälfte des Februars 1891 herrschte hierzulande nach einer voraufgegangenen kälteren Periode warmes und sonniges Wetter; die durchschnittliche Maximaltemperatur betrug (Mittags in der Sonne) vom 19.—26. Februar: +15°R. Der folgende Winter (1891/92) war überhaupt bis Mitte Februar ausserordentlich milde; dann erst trat für einige Zeit kälteres Wetter ein.

Die Vegetationskegel der am 27. Februar und 24. März 1891 gesammelten jungen Pflanzen zeigten nun beinahe die gleiche Stufe der Entwickelung, wie die am 27. Februar resp. 23. März 1892 gesammelten und da das Untersuchungsmaterial fast ausschliesslich an sonnigen Waldrändern und Wegen gesammelt wurde, welche frei von Schnee waren, darf wohl nicht mit Unrecht hier die Wärme des Bodens als Ausschlag gebender Factor angesehen werden.

Wie Askenasy[1]) angibt, hat Duhamel bereits vor hundert Jahren bewiesen (Physique des arbres II p. 278), dass die Entwickelung der Knospen von der Temperatur der Wurzeln in hohem Grade unabhängig sei.

Askenasy ist derselben Meinung, bestreitet aber nicht, dass ein, wenn auch geringer Einfluss in dieser Richtung zur Geltung kommen könne.

Bei den in Frage kommenden Objecten glaube ich auf einen derartigen Einfluss der Bodentemperatur auf die Knospenevolution schliessen zu dürfen.[2])

---

1) Ueber die jährliche Periode der Knospen, bot. Ztg. 1877, p. 817.

2) Auch im Frühjahr 1893 konnte an 1—4 jährigen Exemplaren von Abies eine vorzeitige Entwickelung der Knospen beobachtet werden. (Während des Druckes zugesetzt).

Bemerkenswerth ist, dass die Weiterentwickelung der Knospen zweijähriger Pflänzchen bis zum zweiten Drittel des März (1891) bei gleichzeitiger im Allgemeinen recht günstiger Temperatur zunahm, dann aber — vermuthlich in Folge des Eintretens von kälterem Wetter — sistirt wurde und schliesslich Mitte April mit den Knospen erwachsener Bäume wieder einsetzte, welche erst im dritten Drittel des März sich zu strecken begonnen hatten und inzwischen auf der gleichen Entwickelungsstufe, wie die Knospen der jungen Pflänzchen angelangt waren. So wurde der Vorsprung, den diese gewonnen hatten, wieder compensirt.

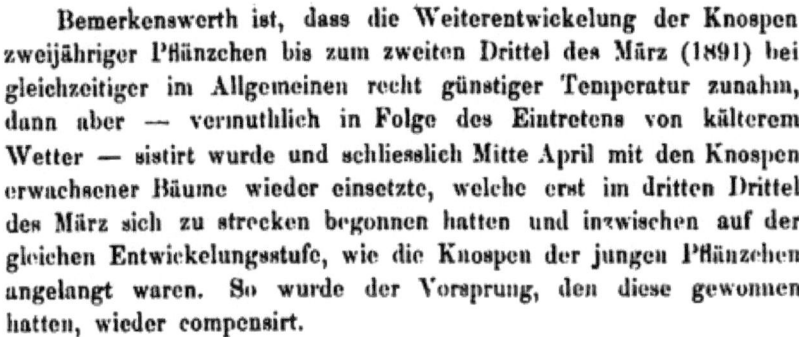

Ohne auf die zahlreichen anatomischen und morphologischen Einzelheiten, welche vornehmlich bei der Untersuchung des Knospeninnern der Weisstanne während der verschiedenen Phasen der Jahresperiode und gelegentlich der über das Verhalten der Stärke im Vegetationskegel gemachten Beobachtungen einer Besprechung oder Erwähnung benöthigten, hier noch einmal zurückzukommen, seien die übrigen, allgemeineren Resultate der vorliegenden Arbeit in folgende Sätze zusammengefasst:

1. Die Vorbedingungen zu der den morphologischen Aufbau und den Habitus der Weisstanne charakterisirenden, in den Grössen- und Stellungsverhältnissen der einzelnen Glieder zum Ausdruck gelangenden Regelmässigkeit und Gleichmässigkeit sind bereits in den Dimensionen und dem Bau der ruhenden Vegetationskegel erkennbar.

2. Form und innere Ausbildung der Vegetationskegel ist in hohem Grade abhängig von der Stellung der betreffenden Knospe am Baum, vom Alter des letzteren, Function (Wachsthumsrichtung) des Muttersprosses und der Bestimmung des Vegetationskegels, d. h. der Art seiner künftigen Betheiligung am Aufbau des Individuums, an der Sprossbildung.

3. Je nach ihren Gestaltsverhältnissen und dem anatomischen Bau lassen sich die Vegetationskegel von Abies alba in drei Typen unterscheiden: Typus der Stammendknospe, Langtrieb- und Kurztriebtypus.

4. Ein Typus niederer Ordnung kann sowohl auf natürlichem Wege, wie experimentell in einen Typus höherer Ordnung übergeführt werden.

5. Das Mark der Vegetationskegel (Plerom) ist mit wenigen

62

speziellen Ausnahmen nicht gleichartig constituirt, sondern wird aus zwei, anatomisch verschiedenen Gewebeelementen zusammengesetzt, denen auch — so lange sich der Spross im Knospenzustande befindet — eine verschiedene physiologische Function zuzukommen scheint.

6. Gewisse Gewebeaggregate des Knospeninnern sind zu jeder Zeit des Jahres frei von Chlorophyll und Stärke, so die aus „typisch-embryonalem" Gewebe bestehende Vegetationskuppe (der „Vegetations-punkt" im engeren Sinne), die Procambialstränge und die „Knospen-scheide."

7. Sobald bestimmte Gewebepartieen der Vegetationskuppe während der Vegetationsperiode aus dem typisch-embryonalen in ein vorgeschritteneres Entwickelungsstadium übergegangen sind, wird in ihren Zellen Chlorophyll gebildet.

8. Niemals findet sich im Innern der Tannenknospen oder in den angrenzenden Geweben des Sprosses Kalkoxalat.

9. Es treten im Vegetationskegel drei, vorläufig als „Gerbstoffe" bezeichnete Körper auf, welche mit Ausnahme gewisser gemeinsamer chemischer Reactionen ein durchaus verschiedenes Verhalten zeigen.

Die Anregung zu vorliegender Arbeit verdanke ich Herrn Professor Dr. L. Klein, in dessen Laboratorium hierselbst meine Untersuchungen vom December 1890 bis zum Februar dieses Jahres ausgeführt wurden.

Jederzeit hat mich Herr Professor Klein in meinen wissenschaft-lichen Bestrebungen durch seinen werthvollen Rath auf das Liebens-würdigste unterstützt und gefördert, wofür ich meinem verehrten Lehrer an dieser Stelle meinen herzlichen Dank ausspreche.

Ferner danke ich Herrn Professor Dr. Thomas hierselbst für die freundliche Ueberlassung der Apparate der pharmakognostischen Sammlung, deren Benutzung es mir ermöglichte, meine Untersuchungen nach Berufung des Herrn Professor Klein nach Karlsruhe privatim zu Ende zu führen.

Freiburg i. B., 30. December 1892.

Erklärung der Figuren.

Fig. 1. Vegetationskegel einer Stammendknospe während der Winterruhe.
(Med. Längsschn.)

v = Vegetationskuppe.

s = Seitensprossanlagen (Kurztriebe).

pr = Procambialstränge.

kn = Knospenscheide.

g = Gefässbündel der Axe, in die Knospenschuppe verlaufend.

Fig. 2. Langtriebkegel (aus Quirlknospe des terminalen Systems) während der
Winterruhe. (Med. Längsschnitt). Erklärung der Zeichen wie bei Fig. 1.

Fig. 3. Oberer Theil eines Endknospenkegels (29. April 1891.) (Med.
Längsschn.)

v = Vegetationskuppe.

ks = Junge Blattanlage, zur Knospenschuppe werdend.

S = Anlagen der künftigen Quirlknospen.

bk = Blattkissen.

Fig. 4. Kurztriebanlage (27. Juli 1891), im Ruhezustand verharrend. (Med.
Längsschn.).

K = Kork.

gs = ehemals gerbstoffführende Schläuche.

ph = Siebtheil.

x = Holztheil.

m = Mark des Sprosses.

f = Gefässbündel, zur Laubblattspur bs oder Schuppenblattspur ss verlaufend.

v = Vegetationskuppe.

Fig. 5. Vegetationskegel eines Langtriebes I. Ordnung, der sich aufgerichtet
hat, um den entfernten Hauptspross zu ersetzen. (5. October 1891). Erklärung im Text. (Med. Längsschn.).

Fig. 6. Medianer Längsschnitt durch den oberen Theil des Markcylinders
(Pleroms) eines Langtriebkegels. (3. April 1892; Streckung hat bereits
begonnen).

ee = „embryonale" Zellen.

gg = Grundgewebe.

Fig. 7. Mark der jungen Axe (Hauptspross) am 17. Juni 1891. (Längsschnitt).

ee = Markzellen, aus „embryonalen Pleromelementen entstanden.

gg = Markzellen, aus gerbstoffhaltigem Grundgewebe hervorgegangen.

ss = sklerotische Zellen.

(ee sind der besseren Uebersicht halber mit einfachen, schwachen Contouren
gezeichnet, obwohl schon Membranverdickungen stattgefunden haben).

Weitere Erklärungen im Text.

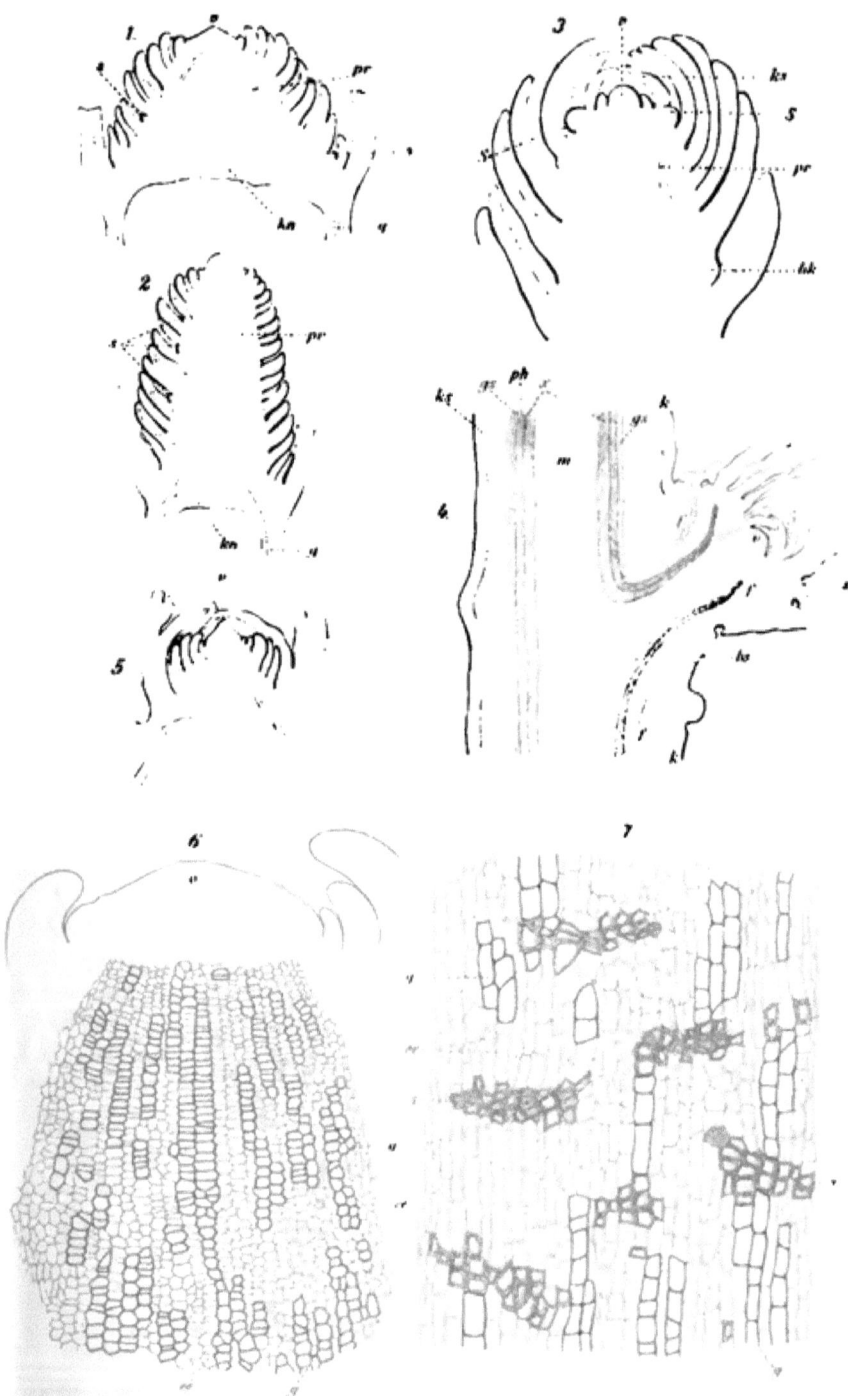